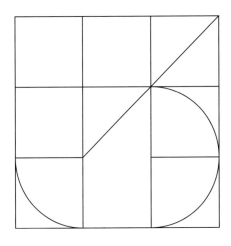

사기를 읽다

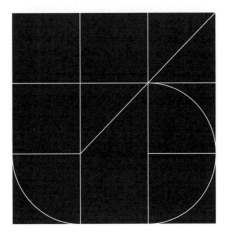

사기를 읽다

＝

중국과 사마천을
공부하는 첫걸음

김영수 지음

제가 공부하고 있는 사마천司馬遷과 『사기』史記는 어렵습
니다. 중국에 대한 폭넓은 지식을 갖추고 있으면 매우 재미
있을 이야기들이지만 그것이 여의치 않으면 자칫 허황되게
들리고 무슨 이야기인지 전혀 감이 잡히지 않기 십상입니다.
그렇다고 중국을 잘 모르고 왜 알아야 하는지도 모르는 사람
에게 알고 나서 공부하라고 할 수도 없습니다. 저는 중국을
제대로 알기 위해서는 사마천의 일생과 『사기』라는 책을 제
대로 파악하는 일이 가장 중요하다고 줄곧 주장해 왔습니다.
그래서 이 책을 쓰면서 저의 힘이 닿는 한에서 쉽게, 그러면
서도 재미를 잃지 않게 하려고 무던 애를 썼습니다. 제가 중

국을 다닌 게 130여 차례쯤 되는데요. 그러면서 보고 들은 흥미롭고 박진감 넘치는 이야기가 많습니다. 귀한 사진도 제법 많이 찍었지요. 이 책에는 그런 것들을 담아 독자들이 중국을 생생하게 느끼실 수 있도록 했습니다.

중3 아들이 하나 있습니다. 집에 온통 중국 책이고 눈만 돌리면 중국 관련된 물건들이 가득한데도 어찌 된 영문인지 중국에는 관심도 흥미도 거의 보이지 않았습니다. 어릴 때부터 중국으로 여러 차례 모시고(?) 다녔는데도 말이지요. 초등학교 때는 스파이더맨을 좋아했고, 요즘은 크리스토퍼 놀란 감독의 영화에 빠져 있습니다. 제가 공부하는 사마천과 『사기』에 대한 관심과 지식은 또래의 다른 학생들과 비교해도 별반 차이가 없습니다. 자기 아버지가 『사기』 전문가라는 사실 말고는 거의 아는 게 없습니다. 관심이 없다고 해야 맞겠지요. 아들이 다니는 학교 교장 선생님과 교감 선생님이 저를 알아보시고 학교에 와서 학생들에게 특강을 해 달라고 청을 여러 차례 하셨습니다만 아들 눈치를 보느라 답을 못 드리고 있습니다. 녀석이 쑥스럽다고 하거든요.

중국이 대세라는 사실은 다들 인정합니다. 알아야겠다는 마음도 어느 정도 갖고 있습니다. 중국과 관계를 갖고 있는 기업이나 기관이라면 그 절박함은 더해집니다. 하지만 방향과 방법을 못 찾고 있는 것 같습니다. 학교에서도 중국과 미래의 한중 관계에 대해 이야기해 줄 선생님이 거의 없습니다. 우리의 미래가 상당 부분 중국과 단단히 얽혀 있는데도 말이지요. 이런 사실들을 확인할 때마다 답답하고 때로는 저 자신이 무기력하다는 생각까지 듭니다.

그런데 올 여름, 아들 녀석이 갑자기 제 중국 답사에 따라나섰습니다. 그것도 자원해서 말이지요. 6일간의 상당히 빡빡한 일정이었는데도 잘 따라다녔습니다. 그전까지 모시고 다닐 때는 아무런 말도 없던 녀석이 이번에는 생각보다 재미있다고 한마디를 툭 던지더군요. 녀석이 이번 중국 답사에 따라가고 싶어 한 이유는 아버지가 도대체 무슨 일을 하는지 알고 싶다는 것이었습니다. 저는 쾌재를 불렀지요. 녀석이 드디어 중국에 관심을 가지기 시작했구나!

중국을 알기 위해서는 많은 시간이 요구됩니다. 저는 28년을 한 책만 팠고, 지금도 그 책과 저자 그리고 그와 관련된 책만 읽고 쓰고 강의하고 있습니다. 그러면서 얻은 한 가지 확실한 깨달음이 있다면 사마천과 『사기』야말로 중국과 중국인을 제대로 알고 이해하기 위한 가장 훌륭한 모범이자

교과서라는 사실입니다. 『사기』를 읽으면 상대적으로 빠르면서도 깊이 있게 중국을 알 수 있습니다. 『사기』는 중국사 5천 년 중 3천 년을 다루면서도 고도로 압축된 52만 6,500자의 대단히 어려운 역사서이지만 30년 가까이 공부해 온 저의 안내를 받으며 차근차근 다가선다면 불가능한 도전은 결코 아니라고 자신합니다.

『사기를 읽다』는 지금까지 제가 출간했던 다른 책들에 비해 한결 쉬운 입문서입니다. 쉽지만 결코 얕지는 않습니다. 깊은 내용을 담으면서도 쉽게 쓰는 심입천출深入淺出을 하려고 심혈을 기울였습니다. 아들 녀석이 읽을 만한 『사기』 입문서를 쓰겠다는 마음가짐으로 최선을 다했습니다. 중국은 우리 곁에 다가선 단계를 지나 이제 우리 안에 성큼 들어와 있습니다. 밀어낼 것이 아니라 우리 안에 들어와 있는 중국을 제대로 알고 분석해서 우리 몸의 일부로 만드는 지혜가 요구되는 시점입니다. 독자 여러분이 그 일을 해낼 수 있도록 『사기』가 안내할 것입니다. 저는 그 『사기』로 가는 든든한 징검다리 노릇을 하겠습니다.

"모든 위대한 책은 그 자체가 하나의 행동이며, 모든 위대한 행동은 그 자체가 한 권의 책이다."(마르틴 루터)

2014년 11월 7일

오전 10시 30분

아들과 다음 세대의 미래를 걱정하며

1

왜 사마천과 『사기』인가

인간의 본질을 통찰하다

지금부터 저와 함께 사마천과 『사기』에 관해 살짝 알아 보는 시간을 마련해 보겠습니다. 저는 올해로 28년째 이 책 만 들여다보고 있습니다. 28년째 한 책만 들여다보는 사람을 뭐라고 부를까요? 전문가? 좋게 말하면 전문가지만 정확하 게 이야기하면 머리가 나쁜 사람이지요. 그렇게 봤는데도 오 죽 문리가 안 텄으면 28년째 한 책만 들여다보고 있을까요! 솔직히 말씀 드리면 여전히 오리무중입니다. 제가 어디까지 공부해야 이 책의 깊이를 헤아릴 수 있을까요? 끝이 보이지 않는 길을 가는 것처럼 때로는 답답하기도 하고, 막막하기도 합니다. 여러 사람에게 『사기』를 쉽게 소개하고 이야기를 나누다 보면 나름대로 새로운 면모를 발견할 수 있지 않을까 하는 기대를 갖고 강의를 시작해 보겠습니다.

강의를 하다 보면 사람들이 저에게 가장 많이 하는 질문이 바로 이것입니다. "선생님, 『사기』를 왜 읽어야 하나요?" 셀 수 없이 많은 이유가 있지만 그 가운데 가장 대표적인 이유를 몇 항목으로 정리해 봤습니다.

첫째, 『사기』를 알아야 하고, 읽어야 하는 보편적인 이유는 『사기』가 최고의 역사서이기 때문입니다. 인간에게는 이런 심리가 있습니다. 뭐든지 그 분야의 최고라고 하면 한 번쯤 써 보고 싶고, 가져 보고 싶고, 읽어 보고 싶고, 접해 보고 싶어 합니다. 『사기』가 최고의 역사서인지 모르셨지요? 모르는 분이 많지만, 이 책은 인류가 남긴 역사서 가운데 단연 군계일학입니다. 발군의 역사서, 최고의 역사서입니다. 『사기』가 왜 최고인지는 뒤에 다시 설명하겠습니다.

둘째, 『사기』가 인간의 본질을 통찰하기 때문입니다. 굉장히 뜻밖의 이야기로 들릴 겁니다. 역사책은 단순히 몇 년도에 어떤 일이 있었고, 누가 무슨 일을 했는지를 육하원칙에 따라 설명하는 팩트fact의 나열이라고 생각하는 분이 많아요. 그런데 그 안에 인간의 본질을 통찰하는 부분이 있다니 뭔가 조금 이상하게 생각되지요? 『사기』가 다른 역사책과 구별되는 가장 큰 이유가 이것입니다. 그래서 『사기』에는 '인간학의 교과서'라는 별명이 붙어 있습니다.

그러다 보니 자연스럽게 수많은 마니아가 배출됐습니다. 2천 년 동안 이 책을 읽고, 이 책을 추종하고, 사마천을 존경하는 사람이 수도 없이 많이 나타났습니다. 그런데 대놓고 "사마천을 존경하고 『사기』를 존중한다."고, "나는 마니아다."라고 이야기하기가 어려웠습니다. 이것도 재미난 점입니다. 『사기』는 굉장히 이단적인 성격이 강한 책입니다. 권력자를 신랄하게 비판하고, 사회의 부조리나 모순, 갈등을 비판하는 내용이 상당히 많습니다. 그러다 보니 소위 기득권이나 수구 보수 세력은 이 책을 무척 껄끄럽게 생각했습니다. 권력자는 대놓고 "이 책 읽어라."라고 이야기 못합니다. 왜? 권력자에 대한 비난과 비판의 화살이 돌고 돌아 결국 자신에게 오니까요. 그래서 숨 죽여 조용히 읽는 마니아가 굉장히 많았던 책이기도 합니다.

중국이 근대화되면서 『사기』는 그 가치를 확실하게 인정받기 시작했습니다. 『사기』가 모두 130권, 52만 6,500자로 이루어져 있는데 마지막 제130권은 자서전입니다. 「태사공사서」太史公自序라고 해서 사마천이 스스로 자서전을 남겼습니다. 아주 특별한 자서전입니다. 앞의 129권에 관한 전체 요지와 취지를 소개합니다. 사마천 자신이 내가 이건 왜 썼고, 어떻게 썼다는 것을 간략하게 기록했습니다. 그리고 자신의 삶에 대해, 집안에 대해 간단하게 언급합니다. 쉽게 말하면 서문이에요. 그래서 「태사공자서」입니다.

서문인데 왜 맨 뒤에 가 있을까요? 『사기』는 「오제본기」五帝本紀라는 중국의 전설 속 제왕 이야기부터 시작합니다. 요순으로 대표되는 이 제왕들의 실체에 관한 논쟁은 여전하지만 어쨌거나 제왕들 이야기 앞에 자기 이야기인 서문을 놓으면 좀 건방져 보이잖아요. 그래서 겸손의 의미로 가장 뒤에 놓았어요.

실질적인 마지막 권은 제129권 「화식열전」貨殖列傳입니다. 「화식열전」은 부자들에 관한 기록입니다. 사마천은 기원전 145년에 태어났어요. 2,100여 년 전에 잘 먹고 잘산 부자 30여 명을 역사책에 소개한 것입니다. 이 편 때문에 사마천은 2천 년 내내 욕을 먹었습니다. 점잖은 학자가 권세를 밝히고 이익을 밝힌다고요. 쉽게 이야기하면 돈 밝힌다고 혼난 겁니다. 오늘날에는 「화식열전」을 『사기』 130권 가운데에서 기적과 같은 한 편이라고 말합니다. 사마천 이후 어떤 역사가도 부자 이야기를 한 사람이 없습니다. 정통주의에 빠진 학자들이 '어떻게 부자 이야기를 할 수 있어? 천박하게.'라고 생각했던 것이지요. 어떤 학자는 「화식열전」을 남겼다 해서 "사마천을 죽여도 시원치 않다."라고 독설을 퍼붓기도 했습니다. 우리나라 양반들도 그랬잖아요. 자기는 먹을 것 다 먹고, 입을 것 다 입고, 누릴 것 다 누리면서 돈 이야기하면 "이런 천한 놈!" 하고 욕했단 말입니다. 이런 사고방식 때문에 사마천과 『사기』가 상당히 오랜 세월 동안 부당한 대접을 받아 온 게 사실입니다. 그러나 오늘날에는 가장 많은 공격을 받았던 부분이 가장 많은 칭찬을 받는 부분으로 바뀌었습니다. 세상이 민주화되고 사람들의 의식이 깨이면서 「화식열전」을 비롯한 『사기』 속 기록들이 얼마나 소중한지 새삼스럽게 인정받고 있습니다.

셋째, 『사기』를 읽는 사람마다 느낌과 반응이 다릅니다. 우리는 흔히 변주라고 이야기하지요. 모든 문화, 학술서, 고전, 소설도 마찬가지입니다. 다른 분야로 변환시킬 수 있느냐 없느냐가 중요합니다. 저는 『사기』의 체제를 영화 제목을 빌려 '트랜스포머' 같다고 이야기합니다. 자유자재로 자기 모습을 변화시킬 수 있는 변형력을 갖추고 있느냐 없느냐가 고전의 가장 큰 생명력 가운데 하나입니다. 예를 들면 세

르반테스의 『돈키호테』는 지금까지 오페라로, 뮤지컬로, 영화로 다양하게 변주되고 있어요. 이는 결과적으로 그 작품을 대하는 사람의 반응과 느낌이 서로 달라야만 가능한 일입니다. 작품 하나를 읽었는데 다 똑같은 반응을 보이고 똑같은 느낌을 받으면 재미가 하나도 없지요. 그건 그걸로 끝입니다. 더 이상 나아갈 여지가 없습니다. 『사기』는 읽는 사람마다 반응이 다르고 느낌이 다르기 때문에 변주력이 굉장히 뛰어납니다.

우리는 누구나 인생을 살면서 나와 다른 차원의 사람들을 친구로 두고 싶어 합니다. 좀 더 나은 사람, 좀 더 수준 높은 사람을 가까이 사귀고 싶어 하지 자기보다 못한 사람을 누가 만나고 싶어 하겠어요. 책도 마찬가지입니다.

어떤 의미에서 고전은 굉장히 오랫동안 저주받아 온 책이라고 이야기할 수 있습니다. 그래서인지 고전을 "알기는 다 아는데 아무도 가까이하지 않는 책이다."라고 말하는 사람도 있습니다. 그만큼 읽기 어렵다는 뜻이지요. 흔히 고전이라고 평가 받는 단테의 『신곡』 읽어 보셨어요? 마르크스의 『자본론』 제대로 읽어 보신 분 있어요? 마찬가지입니다. 고전은 대단히 읽기 어렵습니다. 고전은 당시의 경험과 시대적인 상황을 압축하고 있지요. 그걸 풀어내는 과정이 일반

인에게는 대단히 어렵습니다. 그래서 또 "고전은 누구나 알고 있지만 누구도 읽지 않는 책이다."라고 이야기하기도 합니다.

고전이 말하고자 하는 부분이 오늘날 내가 추구하는 인생의 목표 또는 내가 지금 아쉽게 생각하는 부분과 딱 맞아떨어지는 순간 여러분은 고전의 필요성을 절감하게 됩니다. 고전의 변주력이 그만큼 크기 때문에 가능한 일입니다. 그러니 고전에 대한 동경이 자연히 일어날 수밖에 없습니다.

"중국 역사책을 읽으려고 하는데 어떤 책을 읽어야 할까요?" 전문가들에게 물어보면 백 퍼센트 다 『사기』를 읽으라고 이야기합니다. 재론의 여지가 없습니다. 누가 반고班固의 『한서』漢書 읽으라고 하던가요? 안 합니다. 『삼국지』? 이 『삼국지』는 정사 『삼국지』가 아니라 소설책을 가리킵니다. 『삼국지연의』라는 소설책을 말하는 것이지 역사책 중에서 고르라고 하면 백이면 백 다 『사기』를 지목합니다. 간혹 어쩌다가 한두 사람 정도 사마광司馬光의 『자치통감』資治通鑑을 추천하기도 합니다. 『자치통감』은 전국戰國 시대부터 시작하니까 그 이전 역사를 알려면 다시 『사기』를 읽어야 합니다. 그래서 제가 붙인 별명이 '절대 역사서'입니다. 판타지의 결작 『반지의 제왕』에 나오는 절대 반지의 이름을 따서 '절대 역사서'라고 별명을 붙였습니다. 절대 피해 갈 수 없는 책이라는 뜻입니다.

그동안 우리는 내내 『삼국지』 이야기만 했습니다. 저도 『사기』를 여러 사람에게 알리는 전도사 비슷한 역할을 할 때 가장 넘어서기 힘든 진입 장벽이 이 『삼국지』였어요. 꽉 틀어막고 있었습니다. 중국 이야기를 하면 모두 『삼국지』였어요. 특히 남자들. 남자 중에 『삼국지』에 빠져 있는 분이 많습니다. 심지어 "『삼국지』 열 번 읽지 않은 사람과는 상대도 하지 마라."라고 말하는 분도 있습니다. 이런 남자들에게는 두 가지 공통점이 있습니다. 첫째, 그 책밖에 안 읽은 사람입니다. 세상에서 가장 용감하고 무식한 사람이 누굴까요? 책 한 권만 읽은 사람입니다. 둘째, 남성우월주의자입니다. 마초예요. 『삼국지』 자체가 철저하게 여성을 무시하는 내용으로 채워져 있습니다.

중국 문화를 알기 위해 『삼국지』를 읽는다면 이해할 수 있습니다. 하지만 인생의 지혜를 얻기 위해 책을 읽는다면 『삼국지』는 잘못된 선택입니다. 사람을 죽이고, 전쟁을 하고, 패거리를 짓는 문화로 가득 차 있잖아요. 특히 어린 시절부터 그 책을 읽어야 할 이유가 전혀 없습니다. 이제는 『삼국지』 대신 『사기』를 읽으시길 바랍니다.

초기에는 이 『삼국지』의 장벽이 너무 높아서 제가 "『삼국지』 백 번 읽는 것보다 『사기』 한 번 읽는 게 낫다. 『삼국지』 열 번 읽고 좋은 대학 가느니 『사기』 한 번 읽고 좋은 사람 돼라."라고 조금은 극단적으로 이야기했습니다. 실제로 『삼국지』 제대로 읽은 사람도 별로 없습니다. 이문열의 『삼국지』가 천만 권이 넘게 팔렸다는데 90퍼센트 이상은 뽀얗게 먼지를 뒤집어쓰고 있어요.

베스트셀러 가운데 사람들이 사 놓고 안 읽는 책을 꼽아 볼까요? 첫째, 마이클 샌델의 『정의란 무엇인가』. 둘째, 엄마가 아이들에게 세상을 알라고 한 질썩 사다 주는 『먼 나라 이웃 나라』. 셋째, 이문열의 『삼국지』. 시험에 나온다더라, 어디의 누가 그 책 읽고 어느 대학에 갔다더라는 이야기를 들으면 부모들이 떼로 몰려가 삽니다. 우리나라 독자들은 스스로 책을 고르는 선택 능력을 상실한 지 꽤 오래됐습니다. 누가 좋다고 하니까 마구 사서 베스트셀러를 만들고, 사람들이 많이 읽는 베스트셀러라니 나도 좀 읽어 볼까 하는 생각으로 또 그런 책을 삽니다. 요즘 많이 나오는 힐링서가 대체로 그런 편인데 그게 힐링이 됩니까? 안 됩니다. 독립적으로 사고하고, 스스로 선택할 수 있는 능력을 길러야만 세상에 좋은 책이 나옵니다. 독자가 책 고르는 능력을 상실하니까 만날 비슷비슷한 책만 나오는 것 아니겠어요? 여러분이 고전을 읽으면서 좋은 책을 고를 수 있는 눈도 함께 갖춰 나가셨으면 좋겠습니다.

중국을 이해하는 바른길

『사기』를 읽고 사마천을 알아야 하는 현실적인 이유가 있습니다. 이것은 굉장히 중요합니다. 현실에서 우리 피부에 와 닿는 이유이기 때문이지요. 첫째, 중국의 존재감입니다. 이건 길게 말할 필요가 없습니다. 중국의 힘이 얼마나 커졌느냐 하면 현재 G2로 올라섰고, 조만간 G1이 될 가능성이 높습니다. 중국과의 무역이 우리나라 전체 무역액의 25퍼센트를 넘어선 지 꽤 오래됐습니다. 미국은 12퍼센트 정도밖에 되지 않습니다. 우리나라 무역 흑자의 대부분이 중국과의 무역에서 나옵니다. 중국에서는 돈을 퍼 오고, 일본에는 돈을 퍼 주고 있습니다.

그런데도 우리나라 사람들은 중국을 무시해요. 엄청 무시합니다. 조정래 선생은 소설 『정글만리』에서 이렇게 표현했습니다. "우리 중국 사람들이 한국 사람들을 좀 석연찮게, 좀 뜨악하게 생각하고 있는 게 그 점 때문이야. 돈은 중국에서 다 벌어 가면서, 방위는 중국을 견제해 대는 미국 편에 서 있는 것 말이야. 그래서 어느 지식인이 이렇게 비판했잖아. 한국은 도자기점에서 쿵후를 하고 있다. 그거 얼마나 표현을 잘했어. 도자기점에서 쿵후를 하면 어떻게 되겠어? 도자기들 다 박살내는 거지. 한국이 계속 그런 식으로 했다간 중국과의 관계는 도자기점이 될 수밖에 없잖아." 깨지면 큰일 나는 남의 도자기점에 들어가서 치고받고 싸울 만큼 우리의 생각이 모자라고 짧다는 야유에 다름 아닙니다.

그리고 중국에 무지합니다. 중국이 명실상부하게 세계 2대 강국으로 부상했음에도 한국 사람들은 여전히 중국을 모릅니다. 그 무지의 바탕에는 안다는 착각이 자리 잡고 있습니다. 그런데 재밌게도 제가 강의에서 "『사기』 읽어 보신 분 있으세요?" 하고 물어보면 대답하는 분이 아무도 없습니다. 인지도는 굉장히 높은데 읽은 비율은 낮은 거지요. 지금까지 『사기』를 전부 다 읽었다는 분을 만난 적도 없고, 또 굳이 여러분이 전부 다 읽어 볼 필요까지는 없습니다. 하지만 기본은 알아야 합니다.

2049년은 중국 공산당 정권 수립 100주년 되는 해입니다. 1949년 10월 1일에 중국 공산당 정부가 수립됐습니다. 중국은 2049년을 기점으로 해서 G1이 될 것입니다. 이것은

90퍼센트 이상의 학자나 전문가가 이구동성으로 하는 이야기입니다. 2049년이면 지금으로부터 35년 후지요? 장년층은 노년기를 맞이할 테고, 지금 자라나는 젊은 세대는 중국의 위력을 절감하며 살아야 합니다. 2049년이란 이야기는 그전부터 중국이 G1이 된다는 의미입니다. 대체로 학자들은 2030년 이후에는 중국이 모든 면에서 세계를 압도할 것이라고 예상합니다. 2030년이면 이제 16년밖에 안 남았지요. 그러니까 20년 이내에 중국이 미국을 추월해서 G1이 된다는 게 일반적인 예상입니다. 실제로 지금 그렇게 가고 있습니다.

이렇게 이야기하면 '진짜 그럴까?'라고 생각하는 분이 꽤 많아요. 그런데 어느 순간 옆을 보면 덩치 큰 놈이 보란 듯이 서 있을 것입니다. 우리가 느끼지 못하고 있을 뿐, 어쩌면 애써 무시하는지 모릅니다. 여기에는 국가의 정책 문제부터 남북 분단 문제 등 다양한 요인이 작용합니다. 그리고 이 모든 문제의 중심에는 중국이 있습니다. 남북문제를 푸는 실마리 또한 중국에서 찾을 수밖에 없는 현실입니다. 대미 관계 또는 우리나라 외교 정책의 다변화를 위해서라도 중국을 이용할 수밖에 없습니다. 경제는 조금 전에 말씀 드린 바와 같이 이제 중국과 잘 지내지 않으면 우리가 굶어 죽을 판에 들어와 있습니다. 그 정도로 의존도가 큽니다.

중국의 존재감이 이렇게 커진 게 『사기』와 어떤 연관이 있을까요? 중국은 『사기』를 이용해서 속된 말로 '사기'를 치고 있습니다. 중국이 자국의 중화주의를 전 세계에 전파하기 위한 국가 전략의 차원으로 『사기』를 이용하고 있다는 말입니다. 좋게 이야기하면 활용이겠지요. 『사기』는 전 세계 어디 내놔도 자랑스러운 역사책인 데다 이 책을 쓰신 사마천이란 분은 전 세계 어느 누구와 비교해도 뒤지지 않는 훌륭한 위인이란 말입니다. 그러니까 중국이 자랑스럽게 내세울 수 있는 소프트파워로서 『사기』만 한 책, 사마천만 한 분이 없다는 거지요. 이러니 이용 안 하겠어요? 당연히 이용하지요. 우리가 한글 이야기하고, 팔만대장경 이야기하는 것과 똑같은 이치입니다.

중국의 경제력이 높아지고, 민의民意 수준이 올라가고, 중국 지도자의 콤플렉스가 어느 정도 줄어든 이후에는 더욱더 그럴 겁니다. 중국에서는 『사기』가 권력자들을 비판하는 내용이다 보니 사실 지금까지는 대놓고 칭송하거나 앞장세울 수 없었습니다. 그런데 중국의 자신감이 커지면 커질수록 이 책에 대한 자신감도 올라갈 수밖에 없습니다. 황제黃帝부터 사마천 당대까지 『사기』는 다루고 있는 시간 자체가 3천 년이나 되고, 중국의 조상부터 언급하고 있습니다. 자국의 역사를 빛나게 하고, 중화주의를 전 세계에 전파하는 데 이보다 좋은 텍스트는 없습니다. 따라서 중국의 위상이 올라가면 이 책의 위상 또한 자연스럽게 올라갈 수밖에 없습니다. 그러니 이 책을 더 들여다봐야겠지요.

둘째, 중국과 중국인을 아는 지름길입니다. 『사기』에는 5천 년 중국 역사의 60퍼센트에 해당하는 시간이 기록돼 있습니다. 뒤에 자세히 말씀 드리겠지만 여러분이 알고 있는 중국사 인물 가운데 60퍼센트 정도가 『사기』에 등장합니다. 이름만 대면 다 아는 유명한 인물, 그중에서도 '자'子 자로 끝나는 공자·노자·맹자·순자 같은 인물이 전부 『사기』에 나옵니다.

다루고 있는 공간은 300만 제곱킬로미터가 넘습니다. 우리나라 땅이 얼마나 될까요? 남북한을 합한 땅덩어리가 대략 22만 제곱킬로미터입니다. 남한이 9만 제곱킬로미터 조금 넘고, 10만이 채 안 됩니다. 오늘날 중국은 어느 정도 됩니까? 960만 제곱킬로미터 정도 됩니다. 남북한 합한 땅덩어리의 약 50배 정도이고, 남한의 100배 이상입니다. 동서로 약 5,200킬로미터, 남북으로 약 5,500킬로미터입니다. 동서로 6천 킬로미터면 시차가 몇 시간 납니까? 약 1,320킬로미터마다 한 시간씩 시차가 나니까 중국은 대략 4시간 시차가 나는 나라지요. 남북으로 5,500킬로미터, 저 위에 툰드라 기후부터 시작해서 밑에 아열대 기후까지. 겨울이면 기온차가 70도 납니다. 북쪽은 영하 50도, 남쪽은 영상 20도. 이런 나라예요. 가보지 않으면 잘 상상이 안 갑니다.

제가 2000년 12월 29일에 상하이에서 얇은 긴팔 셔츠 하나만 입고 기차를 탔습니다. 그때 상하이는 영상 12도였어요. 38시간 기차를 타고 북쪽으로 달려서 창춘에 내렸더니 영하 30도였습니다. 꽝꽝 다 얼어 있었어요. 창춘의 택시 기사들은 꽝꽝 언 눈 위로 막 날아다닙니다. 스노타이어도, 체인도 없이 막 달립니다. 부산에 눈이 오면 부산 사람들은 난리가 납니다. 쌓이지도 않는데 자동차 추돌 사고가 나죠. 나가서 눈 맞고 손바닥으로 받으면서 아이처럼 좋아합니다. 왜 그럴까요? 익숙하지 않으니까 그렇습니다. 이게 풍토라는 것입니다.

『사기』가 다루는 공간은 300만 제곱킬로미터 이상입니다. 적어도 남북한 합한 땅덩어리의 15배가 넘습니다. 다루는 시간은 3천 년입니다. 이 시간과 공간 속에서 수많은 인물과 지명, 문화가 등장하고 이것들이 수많은 사건과 얽혀 다양한 이야기를 펼쳐 냅니다. 그러다 보니 가장 중국다운 모습이 『사기』에 아로새겨져 있습니다. 『사기』가 중국과 중국인을 이해하는 가장 좋은 텍스트인 이유입니다.

그 가운데에서도 『사기』에 나오는 고사성어를 통해 중국 사람을 아는 것이 가장 효과적이고 빠른 길입니다. 『사기』에는 네 글자로 된 사자성어만 6백 항목 정도 들어 있습니다. 중국 사람을 이해하는 데 이보다 좋은 것은 없습니다. 보통 사람은 고사성어만 가지고도 평생 공부할 수 있습니다.

『사기』는 모두 52만 6,500자로 이루어져 있습니다. 3천 년 역사를 약 52만 자로 압축한 겁니다. 전 세계에서 전무후무한 압축 파일입니다. 이는 사마천이 한 글자 한 글자에 얼마나 심혈을 기울였느냐를 보여 주는 대목입니다. 52만 6,500자 안에 3천 년을 집어넣으려면 압축할 수밖에 없잖아요. 그래서 여러분이 읽기 어려운 것입니다. 압축 파일을 풀려면 파일을 풀 소프트웨어가 있어야 하지요. 그 소프트웨어가 바로 저 같은 사람입니다. 제가 압축 파일을 풀어서 여러분께 설명해 드리는 것입니다.

고사성어는 그중에서도 가장 밀도가 높은 압축 파일입니다. 네 글자로 압축했으니까요. 『사기』에 나오는 고사성어 가운데 우정을 나타내는 가장 대표적인 고사성어가 뭡니까? '관포지교'管鮑之交지요. 관포지교는 관중管仲과 포숙鮑叔의 사귐이라는 뜻입니다. 여러분이 '관포'를 관중과 포숙이라고 알고 계시는 것만 해도 대단한 겁니다. 관중과 포숙을 관포라고 해서 벌써 이름부터 줄였잖아요. 고사를 모르면 이게 관중과 포숙인지 어떻게 알겠어요.

실제로 관포지교는 두 시간 정도 강의를 해야만 풀리는 압축 파일입니다. 관포지교의 전말, 젊었을 때 관중과 포숙의 사이가 어떠했고, 나중에 어떻게 죽었으며, 어떤 리더를 만났고, 제나라가 어떻게 되었으며, 춘추春秋 시대가 어떠했는지 등을 모두 풀어내자면 두 시간 정도 걸립니다. 그러니 얼마나 대단한 압축 파일입니까. 네 글자 안에 뭐가 들어 있습니까? 우정, 리더십, 인재, 국가의 흥망성쇠, 인성의 약점, 탐욕, 이기심 다 들어 있습니다. 고사성어는 성어를 아무리 많이 아셔도 소용없습니다. 뭘 아셔야 될까요? 고사를 아셔야 됩니다. 이것이 오늘날 말하는 스토리텔링입니다.

요즘 기업과 공공 기관을 포함한 모든 조직이 가장 관심을 기울이고 있는 분야가 스토리텔링입니다. 심지어 광고에 스토리텔링이 들어가지 않으면 안 되는 시대가 됐습니다. 스토리텔링의 가장 큰 특징은 정서를 건드리는 것입니다. 우리나라 광고 중에서 스토리텔링 기법을 동원한 최초의 사례는 빈폴 광고로 알려져 있습니다. 유명한 카피가 이겁니다. "그녀의 자전거가 내 가슴속으로 들어왔다." 이렇게 이제는 광고에도 인문학이 기본적으로 들어갑니다. 『인문학으로 광고하다』라는 책이 나올 정도지요. 스토리텔링이 어디서 옵니까? 이런 역사책이나 고전에서 옵니다.

가장 중국다운, 가장 중국인다운 모습을 『사기』에서 확인할 수 있습니다. 그래서 중국 사람들과 대화하고, 협상하고, 비즈니스 할 때 매우 유용합니다. 중국에 들어간 한국 기업의 70~80퍼센트가 실패했습니다. 롯데백화점과 이마트는 베이징과 상하이에서 가장 좋고 비싼 자리를 차지하고도 중국에서 쫓겨나다시피 했습니다. 왜 그랬을까요? 현지화 전략에 실패했기 때문입니다. 중국 사람의 심리, 기질을 알고 들어가야 하는데 무조건 좋은 자리 차지해서 돈 많이 주고 비싼 물건 팔면 되는 줄 알았단 말이에요. 그래서 처참하게 실패했습니다.

그런데 『사기』를 열심히 공부해서 대박 난 기업이 있습니다. 락앤락Lock&Lock입니다. 락앤락은 어떻게 성공했을까요? 『사기』에 나오는 오자서伍子胥라는 인물을 활용해서 성공했습니다. 오자서는 춘추 시대에 오나라의 재상이었습니다. 오월춘추吳越春秋라는 말로 대표되는 오나라와 월나라의 전쟁 잘 아시지요? 오월동주吳越同舟, 와신상담臥薪嘗膽, 일모도원日暮途遠, 굴묘편시掘墓鞭屍 같은 고사성어를 배출한 이 오월춘추의 주인공 중 한 명이 오자서입니다. 오자서는 자신의 아버지와 형을 죽인 초나라 평왕平王의 시체를 꺼내서 3백 번의 채찍질을 가한 잔인한 일면을 보인 인물입니다. 이 때문에 '복수의 화신'이란 별명을 얻기도 했습니다.

이 오나라는 오늘날의 장쑤성江蘇省 쑤저우蘇州에 수도를 뒀습니다. 쑤저우 사람들은 지금도 가장 존경하는 인물로 오자서를 꼽습니다. 이곳 쑤저우에 락앤락이 공장을 지으면서 공장 앞에 오자서 동상을 세웠습니다. 오씨 종친회에서 이 사실을 알고는 각 언론 기자를 불렀습니다. 이 종친회는 상당한 영향력을 가진 조직입니다. 전 세계적으로 회원이 약 6백만 명 정도 되고, 뉴욕에 총본부가 있을 정도로 큽니다. 이 막강한 종친회에서 언론 매체의 기자를 부르니까 동상 제막식이 중국 전역으로 방송된 겁니다. 그래서 돈으로 환산할 수 없는 어마어마한 홍보 효과를 누리며, 락앤락은 중국에서 말 그대로 대박을 냈습니다.

중국에서 성공한 또 다른 기업은 KFC입니다. 털보 영감님 아시지요? KFC는 최근 시안西安시의 유서 깊은 사찰 자은사 대안탑大雁塔 주변 개발에 비용을 부담했습니다. 시안시는 이 지역을 정비하여 당나라 전성기를 상징하는 불야성不夜城 거리를 조성했는데, 서안의 명소가 됐지요. KFC는 상당한 개발비를 부담했으면서도 대안탑 북문의 2층짜리 KFC 북문점 영업권만 요구했다고 합니다. 이렇게 해서 시안 시민과 전체 중국인의 마음을 얻은 것인데, 역사와 문화의 관점에서 접근하여 현지화에 성공한 대표적인 사례입니다.(최근 KFC는 마침내 고속도로 휴게소에 진출하여 명실상부하게 난공불락의 패스트푸드 제국을 건설했습니다. 이는 KFC가 추진한 현지화 전략의 결과입니다.)

KFC와 락앤락의 공통점은 현지화 전략에 성공했다는 것입니다. 중국 사람의 기질과 성향을 정확하게 파악하고 들어가서 그곳을 공략했기 때문에 성공했다는 말입니다. 지금 중국에 들어가려는 한국 기업이 많습니다. 그런데 대부분 다 막무가내로 들어가요. 베이징이나 상하이 같은 큰 도시에만 들어가면 되는 줄 압니다. 목만 좋으면 성공한다고 생각해요. 하지만 절대 그렇지 않습니다. 중국에서 사업하려는 분께 제가 팁을 하나 알려 드리겠습니다. 『사기』를 잘 읽으면 중국에서 기업도, 사업도 성공할 수 있습니다. 더 자세한 정보는 제 영업 비밀입니다.(웃음)

하드파워 vs 소프트파워

중국의 소프트파워 전략에 대응하기 위해서라도 『사기』를 읽고 알아야 합니다. 미국이 20세기 내내 전 세계를 대상으로 취했던 국가 전략이 하드파워 전략입니다. 하드파워 전략은 군사와 정치에 개입하는 방식입니다. 말 안 들으면 가서 때리고 내정에 간섭하는 거예요. 우리가 이 하드파워 전략에 가장 큰 피해를 본 나라입니다. 외세 개입과 이념 갈등 때문에 결국 6·25가 발발하면서 남북으로 허리가 잘렸습니다. 미국 스타일이 딱 이것입니다. 전 세계 모든 분쟁 지역 중 미국이 개입하지 않은 곳이 어디 있나요? 다 개입하고 있잖아요. 그런데도 전 세계 사람들에게 존경받지 못하고 있습니다. 급기야 본토가 공격당하는 9·11 같은 초유의 사태까지 벌어졌지요.

G2로 성장하고 있는 중국이 가만히 보니까 미국식의 하드파워 전략 가지고는 안 되겠거든요. 그래서 국가 전략으로 취한 게 소프트파워 전략입니다. 소프트파워 전략에는 뭐가 들어갈까요? 문화와 이념이 들어갑니다. 아주 무시무시한 전략입니다. 문화와 이념을 전 세계에 퍼뜨린다는 건 뭘 퍼뜨린다는 것입니까? 바로 중화주의를 퍼뜨리는 것입니다.

옛날에는 소프트파워 전략이란 명칭이 없었기 때문에 '중화주의'라는 말로 표현했지만 중국은 이미 과거에 소프트파워 전략으로 세계를 호령한 경험을 갖고 있습니다. 한국, 일본, 베트남을 포함한 동아시아 전 지역이 중국의 영향을 받았지요.

조선 시대 양반들이 얼마나 대단했는지 잘 생각해 보세요. 명나라가 망한 뒤 청나라를 인정 못한다고, 중화가 망했으니 이제 우리가 소중화小中華라고 사대주의에 빠져 있다가 청나라에 혼쭐이 났습니다. 그러고도 정신을 못 차려서 일본에 나라를 빼앗기는 처참한 경험을 했지요.

소프트파워가 골수에 사무치면 정체성을 상실합니다. 조선 시대 양반은 자신이 작은 중국 사람이라고 생각했습니다. 그래서 세종대왕께서 어렵게 만들어 놓은 한글도 안 쓴다고 거부했습니다. 소프트파워가 골수에 사무치면 어떻게 되는지 보여 주는 명백한 사례입니다. 중국의 물질문화와 정신문화가 머리뿐 아니라 심장까지 지배하니까 자기 정체성을 상실해 버린 겁니다.

세종대왕이 한글을 만든 목적은 크게 두 가지입니다. 그 목적이 어디서 드러납니까? 첫째 목적은 창제 동기에서 드러납니다. 훈민정음 창제 동기 첫 구절은 "나랏말ㅆ미 듕귁에 달아" 이렇게 시작합니다. 나라말이 중국과 다르다는 뜻입니다. 일단 중국으로부터 독립하겠다는 말입니다. 둘째, 어리석은 백성이 뭔가 말하고 싶은 게 있어도 전달할 방법이 없다는 것입니다. 백성과 직접 소통하겠다는 뜻입니다. 양반과의 관계를 재정립하겠다는 것이지요. 혁명적인 사고방식입니다.

결국 말과 글을 일치시켰잖아요. 전 세계에서 말과 글을 일치시킨 나라는 한 곳도 없습니다. 발음 자체가 글자로 표현돼서 글과 말이 일치하는 문자는 훈민정음밖에 없어요. 거기에다 알파벳처럼 자음과 모음으로 구성돼 있지요. 기가 막힙니다.

이렇게 우리의 글자를 창제하셨음에도 기득권 세력이 한글을 거부하고, 개혁 자체를 거부하면서 결국 조선이 몰락하는 첫 번째 계기를 안겨 줍니다. 세종대왕의 훈민정음 창제가 받아들여지지 않음으로써 개혁은 좌절됩니다. 대단히 중요하지요. 저는 훈민정음 창제를 우리나라에서 일어난 최고의 사건으로 봅니다. 정체성을 유지할 수 있는 가장 중요한 수단을 우리는 갖고 있다는 것입니다.

전 세계적으로 할리우드 영화가 들어간 나라 치고 한국처럼 자국 영화의 점유율이 50퍼센트 이상 유지되는 나라가 없습니다. 미국의 영향을 받은 나라 치고 음반 시장에서 자국 노래가 30~40퍼센트 이상을 꾸준히 점유하고 있는 나라 또한 한국밖에 없습니다. 왜 그럴까요? 독특한 언어 구조와 그 언어 구조를 뒷받침하는 글을 가지고 있기 때문입니다.

우리는 이미 중국의 소프트파워 전략에 빠져 정체성을 상실해 본 경험이 있기 때문에 대응책을 마련해야 합니다. 중국의 소프트파워 전략의 핵심에 뭐가 있다고 말씀 드렸지요? 사마천의 『사기』가 있습니다.

중국은 중화주의를 전 세계에 전파하기 위해 안팎으로 프로젝트를 실시했습니다. 외부용은 동북공정입니다. 동북 지역에 있는 한국을 겨냥해서 만든 것입니다. 서북쪽에 있는 위구르족을 겨냥해서 시행하는 프로젝트가 서북공정이고, 티베트 지역을 타깃으로 만든 것이 서남공정입니다.

그리고 자국민에게 자국 역사의 유구함을 자랑하고 중화주의를 고취시키기 위해 시행한 프로젝트가 하상주단대공정夏商周斷代工程입니다. 이 하상주단대공정을 이어받아 지금도 계속 하고 있는 것이 중화문명탐원공정中華文明探源工程입니다. 중화문명의 뿌리를 찾아가는 프로젝트라는 것입니다.

중화 문명의 뿌리를 찾아가면 이 책 『사기』가 무조건 보입니다. 『사기』는 전설 시대 황제黃帝 이야기부터 다룹니다.

그리고 여러분이 많이 들어 보셨던 요임금, 순임금에 대한 기록이 『사기』 첫 번째 권에 등장합니다. 이 기록이 중시될 수밖에 없지요. 실제로 중국에 가 보면 전설 속의 황제, 요임금, 순임금의 사당과 무덤이 어마어마한 규모로 재정비되고 있습니다. 사당 하나가 보통 수만, 수십만 평입니다. 어떤 곳은 100만 평으로 서울대 관악캠퍼스만 한 규모입니다. 어떤 사당은 입구에서 전기 버스 같은 것을 타고 들어가야 합니다. 이처럼 자신들의 뿌리를 찾아가며 『사기』 속에 나온 조상들을 숭배하고, 조상들이 남긴 자랑스러운 역사를 자국 국민에게 교육시키기 위해서 실시하고 있는 프로젝트가 중화문명탐원공정입니다.

우리는 어떻습니까? 만약 통일이 된다면 남한과 북한이 함께 지닐 수 있는 국경일은 개천절밖에 없습니다. 북한은 단군이 나라를 연 개천절을 거창하게 기념합니다. 그런데 우리는 단군이 우리 조상이라고 이야기하면서도 단군 동상을 세워 놓으면 우상 숭배라 안 된다며 목을 잘라 버리는 엉뚱한 일들을 벌이고 있단 말이지요.

역사를 바라보는 두 나라의 시각이 이렇게 다릅니다. 물론 중국이 잘하고 있다는 이야기는 아닙니다. 그런데 문제는 어느 민족이든 자국의 역사를 스스로 자랑스럽게 생각하고,

정부가 이런 부분을 정책적으로 뒷받침하지 않으면 국민이 자괴감이나 비하감을 느낀다는 것입니다.

말로는 5천 년 역사라고 이야기하지만 우리 역사에 대해 국민이 갖고 있는 자부심이나 생각이 어느 정도인가 살펴보면 비참한 수준이라고밖에 할 수 없습니다. 이명박 정권 때는 급기야 어떤 일이 벌어졌습니까? 국사를 선택과목으로 만들어 버렸잖아요. 부끄럽지 않습니까? 중국 사람에게 이야기도 못 합니다. 그전에는 역사 논쟁을 벌이고, "중화문명 탐원공정이라는 건 문제가 참 많다."라고 비판도 했는데 이제는 못합니다. "그렇게 잘나서 너희는 국사를 선택과목으로 만드느냐."라고 반박하면 할 말이 없습니다.

이 소프트파워 전략에 맞설 수 있는 대응책 마련이 굉장히 시급합니다. 조금 전에 말씀 드린 바와 같이 소프트파워 전략에는 경제와 문화가 들어갑니다. 경제는 물질생활을 지배하는 요소이고, 문화는 정신생활을 지배하는 요소입니다. 물질과 정신이 다 지배당해 버리는 것입니다. 『광해』라는 영화 한 편만 떠올리시면 됩니다. 소프트파워가 골수에 사무치면 기득권층이 어떻게 되는지 적나라하게 보여 주는 좋은 사례입니다.

병자호란을 전후로 조선의 양반들이 어떤 반응을 보였

는가, 임진왜란 때 지배 계층이 어떤 행태를 보였는가를 잘 생각해 보시기 바랍니다. 무시무시합니다. 임진왜란이 일어나서 왜군이 한양으로 쳐들어오니까 임금이 궁을 버리고 먼저 도망갑니다. 선조宣祖라는 임금은 어느 정도였는지 아세요? 의주 등 국경 근처를 빙글빙글 돌며 도망 다니면서 명나라 황제에게 두 번이나 편지를 보냅니다. 명나라로 망명하겠다고요.

당시 명나라 황제는 신종神宗이었습니다. 베이징에 가면 명십삼릉이라는 곳이 있습니다. 명나라 황제 13명의 무덤이 모여 있는 곳인데 여기 있는 정릉定陵이 신종 황제의 무덤입니다. 이 사람이 임진왜란 때 구원병을 보내 준 황제예요. 그런데 이 황제가 얼마나 형편없었느냐 하면 20년 동안 조회에 한 번도 안 나옵니다. 그럼 그 시간에 무얼 했느냐? 옛날에는 즉위와 동시에 황제의 무덤을 만들기 시작했습니다. 신종은 이 무덤 안에 들어가서 매일 술 마시고, 놀고, 약물에 빠져 살았습니다.

이런 황제가 보기에도 자기네 나라 백성 버리고 도망 다니면서 명나라로 망명하겠다고 두 번이나 편지를 보내 온 선조가 한심했겠지요. '나보다 더한 놈이 있네.'라고 생각하지 않았겠어요? 이것이 조선 시대 때 우리 지도자의 모습이었

산시성(山西省) 린펀(臨汾)에 위치한 요임금 무덤 광장.
중국 사람들은 우리와 달리 조상의 사당이나 무덤 앞에서 춤을
추거나, 스케이트보드를 타며 생활 속에서 역사를 배운다.

습니다.

우리의 미래는 친일파 청산과 함께 조선 시대의 잔재를 얼마나 제대로 청산하느냐에 달려 있습니다. 안타깝게도 혈연, 지연, 학연의 뿌리가 모두 여기에 걸려 있습니다. 그래서인지 대부분의 대중 역사책은 조선 시대에 대해서만 이야기합니다. 고대사를 다루는 책은 별로 없습니다.

아프리카나 유럽은 문화가 다르고 풍토가 다르고 언어가 다르기 때문에 중국의 소프트파워 전략이 파고드는 데 한계가 있습니다. 우리는 다릅니다. 같은 한자 문화권에 지리적으로도 붙어 있지요, 오랫동안 시간과 공간을 공유해 왔단 말이에요. 그래서 이 전략이 대단히 위험하다는 것입니다.

요임금 사당 앞 광장은 천안문 광장보다 넓습니다. 중국이 한국과 가장 다른 점은 역사에 대한 접근성입니다. 중국 사람들은 조상의 사당이나 무덤 옆에서 뛰어놉니다. 때로는 무덤 앞 광장에서 춤도 추고, 스케이트보드도 탑니다. 우리는 어떻게 하나요? 사당에 들어가면 엄숙 모드로 변합니다. "동입서출東入西出이야. 동쪽으로 들어가서 서쪽으로 나와야 돼." 들어가서 묵념하고 손도 못 대게 합니다. 중국은 전혀 다릅니다. 여기서 교육이 이루어집니다.

전설 속 황제의 고향으로 알려진 허난성河南省 신정新鄭

에 가면 황제 사당이 있습니다. 그곳에 가 보면 상인부터 별의별 사람이 다 있습니다. 여기서 일곱 살, 여섯 살짜리 아이에게 "너 한번 안내해 봐라." 하면 안내합니다. 사당을 설명합니다. 여기 와서 할아버지, 아버지, 아주머니에게 매일 듣고 사니까요. 그곳에 와서 매일 놀게 하니까요. 우리는 못 오게 한단 말이지요. 못 들어가게 하고, 못 만지게 하고, 떠들지 못하게 하니까 교육이 안 됩니다. 전국 방방곡곡에 있는 유물, 문화재 가서 보세요. 다 녹슬어 있습니다. 못 들어가게 하고, 못 만지게 하니까 그렇습니다.

경상남도 진주에 가시면 촉석루에 꼭 한번 들러 보세요. 촉석루는 개방을 합니다. 특히 노인들께 무한정 개방합니다. 따라서 날이 더워지면 노인들이 여기 나와서 시원하게 남강 바람 쐬며 고스톱을 치고 놉니다. 매일 와서 만지고, 놀고, 낮잠을 자니까 나무에 반들반들 기름이 껴서 더 튼튼해집니다. 손으로 나무를 만지면 반들반들해지잖아요. 자연스럽게 코팅이 되는 것입니다.

그런데 못 만지고, 못 들어가게 하면 어떻게 됩니까? 썩습니다. 시골에 있는 다 쓰러져 가는 집도 사람이 살면 버티지만 사람이 나오면 그 순간 주저앉아 버립니다. 기가 들어가야 한다는 말이지요. 문화재에도 기가 들어가 주어야 합니다. 사당도 좋고, 서원도 좋고, 향교도 좋고, 자꾸 찾아가서 앉으셔야 합니다. 기둥도 자꾸 만져 주어야 합니다. 우리나라는 지금 문화재를 보호한답시고 보수비만 더 들이는 상황입니다.

가깝고도 먼 나라, 중국

『사기』를 보면 동양 문화의 원형질을 확인할 수 있습니다. 『사기』가 남긴 영향력이 그만큼 깊고 넓다는 이야기입니다. 『사기』의 역사 서술 체제를 '기전체'紀傳體라 부르는데 이 역사 서술 체제가 2천 년 동안 중국과 동양 사회에 영향을 미칩니다. 『사기』는 본기, 표, 서, 세가, 열전으로 이루어져 있습니다. 이 다섯 체제 가운데에서 본기本紀의 '기'紀 자와 열전列傳의 '전'傳 자를 따서 기전체 역사 서술 체제라고 이야기합니다. 이 기전체가 다섯 체제로 이루어져 있기 때문에 '오체제'라 부르기도 합니다.

『사기』 이후 나타난 중국의 관찬 사서 24종류 또는 25종류를 정사 24사史 또는 정사 25사라고 부르는데 모두 기전체입니다. 우리나라에는 김부식의 『삼국사기』가 있지요. 조선 시대 초에 편찬한 『고려사』 역시 기전체 역사서입니다.

이 기전체는 일본, 베트남까지 영향을 미쳤습니다. 한 역사학자가 창안한 역사 서술 체제가 2천 년 동안 얼마나 큰 영향을 미쳤는지 알 수 있습니다. 그만큼 시스템 자체가 완벽하다는 이야기입니다. 사마천의 기전체가 나온 이후 이 체제를 뛰어넘을 만한 역사 서술 체제는 나오지 않았습니다. 사마천이 얼마나 뛰어난 역사학자인지 알 수 있는 대목입니다. 과거로부터 축적돼 온 경험과 다양한 자료를 재창출해 내는 능력이 대단하지요.

　중국이 동양 사회에 미친 영향력 중 대표적인 것을 꼽으라면 과거 제도와 유교를 들 수 있습니다. 과거 제도는 처음에 좋은 의도로 시작됐습니다. 신분의 귀천을 따지지 않고 모두에게 공평하게 기회를 제공함으로써 능력 있는 인재를 선발하는 제도였습니다. 그런데 시간이 흐르면서 '그들만의 리그'로 변질되기 시작합니다. 자기네들끼리 무리를 형성해서 이번 시험에는 무슨 문제가 나온다더라며 족보를 돌리고 족집게 과외를 하면서 새로운 인재의 유입을 차단했던 것입니다. 똑똑하고 능력 있는 사람을 뽑는 제도가 아니라 기득권을 더욱 공고히 하고 정당화하는 도구로 변질되었습니다. 그래서 중국에서는 이 제도를 없애 버렸습니다. 그런데 우리에게는 과거 제도의 잔재가 그대로 남아 있어요. 그게 뭘까요? 고시입니다. 우리나라는 이 고시 제도부터 없애야 합니다.

유교도 마찬가지지요. 두 나라가 여성을 어떻게 대우하는지를 보면 단적으로 알 수 있습니다. 현재 중국에서 경제 활동을 하는 여성 인구가 약 3억 명 정도 됩니다. 이 수치는 정상적으로 경제 활동을 할 수 있는 여성의 80퍼센트 수준입니다. OECD 평균인 67퍼센트를 뛰어넘는 수치이지요. 중국은 비즈니스 분야에서도 여성이 차지하는 비중이 갈수록 높아지고 있습니다. 한국은 어떨까요? 여성의 사회적 지위가 많이 올라갔다고 하지만, 한국의 성평등 순위는 136개국 중 111위이고, 남녀 임금 격차는 OECD 회원국 중 가장 큽니다. 우리는 아직 갈 길이 먼 것 같습니다. 그렇지요?

이처럼 우리는 중국의 문화와 역사가 얼마나 오랫동안 영향을 미쳐 왔는지를 주변에서도 어렵지 않게 확인할 수 있습니다. 이 동양 문화의 원형질을 담고 있는『사기』를 반드시 읽어야 하는 또 다른 이유가 추가됐습니다.

우리는 "중국 사람은 과거 지향적이다.", "과거 퇴행적이다.", "과거에 집착한다."라고 이야기합니다. 미국 사람들은 어떤 장르의 영화를 가장 잘 만듭니까? 과학 영화지요. 중국 사람들은요? 무협 영화를 잘 만들어요. 역사가 가미된

무협 영화. 이것을 보고 우리나라 사람들은 "역시 미국 사람은 굉장히 진취적이고 미래 지향적이고 모험 정신이 투철하다."라고 이야기합니다. 중국 사람은 "만날 과거 이야기만 한다."고 말합니다. 잘못된 이야기입니다.

정확하게 무슨 차이가 있습니까? 250년과 5천 년의 차이일 뿐입니다. 미국은 돌아갈 과거가 없어요. 중국은 5천 년간의 경험이 농축된 수많은 기록을 갖고 있습니다. 그 기록 속에서, 역사책 속에서 현재의 문제를 해결할 수 있는 실마리를 찾아낸다는 거지요. 과거 퇴행이나 과거 집착이 아니라 과거 중시일 뿐입니다. 돌아갈 과거가 있는 나라와 그렇지 않은 나라의 차이일 뿐입니다.

중국 사람들은 과거를 대단히 중시합니다. 오늘날 중국인의 지혜는 전부 과거 속에서 나왔다고 확신합니다. 그래서 어떤 모임에서든지, 무슨 말을 하든지 항상 속담이나 격언, 고사성어로 시작하고 끝냅니다. 미국을 비롯한 서양 사람들이 굉장히 당혹해하는 부분입니다. 중국 사람들은 회담을 하면 꼭 한마디를 하고 시작합니다. 통역이 있으니 무슨 뜻인지는 알겠는데 그 속에 무언가가 더 들어 있는 것 같거든요. 조금 전에 언급한 관포지교와 똑같습니다. 함축돼 있단 말이지요. 그래서 미국이나 유럽의 정치 지도자들 사이에서는 개인 가정교사를 두고서라도 중국의 속담이나 고사성어를 배우는 것이 기본입니다. 필수 코스가 됐어요.

그리고 우리나라 사람들에게는 『사기』를 반드시 알고 읽어야 하는 중요한 이유가 또 하나 있습니다. 『사기』 130권 가운데 「조선열전」朝鮮列傳이 있습니다. 그전까지는 우리와 무슨 관계가 있을까 싶으셨겠지만 우리 역사와 직접 관련된 「조선열전」이 있다니 피부에 확 와 닿지요? 「조선열전」은 고조선 멸망사입니다. 고조선이 몇 년도에 멸망했습니까? 기원전 108년에 멸망했습니다. 사마천은 기원전 145년에 태어났어요. 기원전 108년에 서른여덟 살이었습니다. 이 기록이 얼마나 중요한가를 보여 주는 대목이에요. 당대사 기록이란 이야기입니다. 그러니 기록이 얼마나 생생하겠습니까?

이 기록은 한·중·일 삼국 역사 갈등의 진원지입니다. 여러분이 국사 시간에 배운 한사군에 대한 단초가 이 기록에서 나옵니다. 한사군이 한반도 안에 있느냐, 밖에 있느냐를 가지고 싸운 것입니다. 한반도 안에 있다고 열심히 역사를 왜곡해서 만든 것이 식민 사관입니다. 이 사관의 토대가 『사기』 「조선열전」에 있는 한사군부터 출발하고요. 사마천은 '사군'이라고만 했지 그것이 우리나라 쪽에 있다 중국 쪽에 있다 그런 말은 한마디도 하지 않았습니다. 사군의 이름조차

漢　太史令司馬遷　撰

宋中郎外兵曹參軍裴　駰集解

唐國子博士弘文館學士司馬貞索隱

唐諸王侍讀率府長史張守節正義

朝鮮列傳第五十五

集解張晏曰朝鮮有濕水洌水汕水三水合爲洌水疑樂浪朝鮮取名於此也索隱案朝音潮

直驕反鮮音仙以有汕水故名也汕一音訕

朝鮮正義潮仙二音括地志云高驪都平壤城又古云朝鮮地也　王滿者

本漢樂浪郡王險城又

故燕人也索隱案漢書滿燕人姓衞　自始全燕時嘗略

擊破朝鮮王而自王之

『사기』에는 우리나라 역사와 직접 연관된 「조선열전」이 있다.
「조선열전」은 사마천이 서른여덟 살 때 멸망한 고조선의 역사를
담고 있어 당대사 기록으로서 가치가 매우 높다.

없습니다. 후대 사람들이 연구해서 낙랑은 어디 있다 하니까 일본 사람들이 그걸 가지고 평양에 있다고 주장한 겁니다. 우리나라 역사를 한반도 안으로 축소시켜 버렸습니다. 반도 사관이지요. 일본의 식민 사관은 조선 침략을 정당화하기 위한 하나의 방편으로 만들어 낸 것입니다. 그리고 이 식민 사관을 받아서 지금까지 한국 역사학계의 주류로 행사하고 있는 곳이 서울대학교 국사학과입니다. 이게 지금 우리의 현실이고, 그 원천지가 바로 「조선열전」이라는 것을 반드시 기억하시기 바랍니다.

또한 『사기』를 읽으면 유식해집니다. 지적 만족을 느낄 수 있습니다. 나아가 지식을 지혜의 단계로까지 승화시킬 수 있습니다. 그리고 『사기』는 대단히 재밌습니다. 이것이 『사기』의 가장 큰 매력이기도 하고 사마천이 많은 비판을 받은 이유 중 하나입니다. 사마천은 왜 역사책을 소설처럼 쓰느냐고 엄청난 비판을 받았습니다. 하지만 저는 이렇게 말합니다. 왜 소설처럼 쓰면 안 됩니까? 이왕 쓰는 거 재밌게 쓰면 어디가 덧나나요? 앞에서 말씀 드린 것처럼 『사기』는 다양한 문화 형태로 변주가 가능한 역사책이므로 읽으면 큰 도움을 받을 수 있습니다. 『사기』를 읽고 사마천을 알아야 할 몇 가지 이유를 짚어 봤습니다.

2

『사기』 탄생의 비밀

진시황이 천하를 통일하지 않았다면?

사마천의 『사기』가 나오게 된 시대 배경을 알아보겠습니다. 어떤 분야든 하나의 걸작이 나오면 시대적 조건과 환경 등을 따지게 됩니다. 이런 것들을 우리는 배경이라고 이야기하지요. 그 사람이 태어났으니까 태어난 것 자체에 감사할 수밖에 없습니다. 그 시대에 맞춰 사람이 태어난 것인지, 그 사람이 태어남으로써 시대가 그 사람을 길러 낸 것인지는 알 수 없습니다. 양쪽 다 상호 작용을 해야 되겠지요. 시대가 요구하고, 시대의 요구에 그 사람이 응하느냐 응하지 않느냐에 따라 하나의 걸작이 탄생할 수 있는 기본 조건이 갖추어지느냐 그렇지 않느냐가 결정되는 것 같습니다.

저는 『사기』가 탄생할 수 있었던 가장 중요한 배경으로 진시황의 천하 통일을 듭니다. 진시황과 사마천 사이에는 약 100년 정도의 시차가 있습니다. 100년이나 시차가 나는데 어째서 진시황의 천하 통일이 『사기』 탄생의 중요한 배경이 될까요?

『사기』에서 많은 비중을 차지하고 있는 시대가 춘추 전국입니다. 춘추 전국 시대는 제가 가장 관심을 기울이고 있는 시대이며, 오늘날 여러분에게 유익한 정보와 귀한 통찰력을 주는 시대이기도 합니다. 특히 이 시기를 잘 들여다보면 요즘 세상 돌아가는 흐름을 잡아낼 수 있습니다. 우리는 이런 흐름을 대세라고 부릅니다. 춘추 전국 시대와 지금의 이 대세는 상당히 닮아 있습니다.

춘추 전국 시대는 기원전 770년부터 시작합니다. 진시황이 천하를 통일한 연도는 기원전 221년입니다. 그러니까 춘추 전국 시대는 550년간 지속된 셈이지요. 제가 춘추 전국 시대를 강조할 때마다 주변 분들이 그걸로 책 한번 써 보라고 권합니다. 시오노 나나미의 『로마인 이야기』처럼 '춘추 전국 이야기' 한번 써 보라고요. 저는 솔직히 자신이 없습니다. 왜 그럴까요?

　로마사는 확장사입니다. 로물루스 형제가 늑대의 젖을 먹고 자라는 것부터 시작해서 조그만 부족국가가 대제국으로 확장하는 역사입니다. 사람이 성장하는 것과 비슷합니다. 그러니까 추적하기가 쉬워요. 춘추 전국 시대는 다릅니다. 이 시기에는 140개 정도의 제후국이 있었습니다. 나라들이 하나로 줄어드는 550년간의 역사입니다. 이를 수렴사라고 합니다. 하나는 확장사고 하나는 수렴사예요. 이 말은 140개 나라에 대한 기본 정보를 알고 시작해야 한다는 뜻입니다. 그만큼 어렵다는 말이지요.

　저는 "중국 사람들의 DNA 속에는 춘추 전국 시대의 피가 흐르고 있다."라고 이야기합니다. 중국 사람들은 춘추 전국 시대라는 이 550년 동안, 경험할 수 있는 모든 경우의 수를 다 경험합니다. 기록에 남은 전쟁만 5백 차례이고, 오늘날의 UN 같은 국제기구가 있어서 국제 회담만 480차례 정도 열립니다. 과학 문명도 발달해서 특히 전국 시대로 들어가면 철기가 보편적으로 사용됩니다. 그래서 생산 방식에 혁명적인 변화가 일어났지요. 중국의 춘추 전국 시대는 사상의 황금기이기도 했고, 가장 혼란스러우면서도 가장 활기를 띤 시대였고, 국경이 없는 시대였고, 누구든 능력만 있으면 어느 나라에서든 인정받는 시대였습니다.

진나라가 천하를 통일할 수 있었던 가장 큰 요인은 외국 인재를 기용한 데 있습니다. 놀랍지요. 진나라는 기원전 7세기부터 외국 인재를 받아들이기 시작합니다. 다른 나라보다 100년 정도 앞서는데 진나라에서는 외국 인재를 재상으로 임명하기까지 했습니다. 진시황을 도와 천하를 통일한 이사李斯는 초나라 사람입니다. 역시 진시황 때 군사 방면에서 큰 공을 세운 장수 몽염蒙恬은 제나라 사람입니다. 진나라는 이런 외국 인재들을 받아들여 기용함으로써 천하 통일의 발판을 마련할 수 있었습니다. 우리가 흔히 "세 치 혀로 먹고 살았다."라고 이야기하는 유세가 소진蘇秦은 여섯 나라의 공동 재상이었습니다. 오늘날로 이야기하면 UN 사무총장 같은 사람이었어요. 이런 일이 모두 춘추 전국 시대에 벌어집니다.

이 550년간의 대격전기, 대혼란기, 대황금기를 하나로 통일한 것이 진시황의 진나라입니다. 이 통일은 사마천에게 대단히 중요한 의미가 있습니다. 550년간의 혼란뿐 아니라 수많은 제후국의 흥망, 그 이전부터 내려오던 역사를 정리해야 할 필요성이 제기된 겁니다. 게다가 진나라는 자기 역할만 수행하고 금세 사라져 버립니다. 통일 후 15년 만에 멸망한단 말이지요. 그 후 유방이 한나라를 건국하고 60~70년 정도 지나면서 무제 때 황금기를 이루자 이전의 역사를 정리할 수 있는 기본 조건이 갖춰졌습니다. 바로 이때 사마천이라는 인재가 나타나『사기』를 쓴 겁니다. 무제 때에는 과거의 역사를 정리해야겠다는 분위기가 팽배했습니다. 지배 계층의 머릿속에도 이런 의식이 박혀 있었습니다. 대단히 중요합니다. 진시황의 통일이 없었더라면『사기』가 상당히 늦게 출현했을 가능성이 있고, 똑같은 책은 나오지도 못했겠지만 사마천이 평범한 사람으로 태어나 평범하게 사라졌을 가능성 또한 배제할 수 없습니다. 사마천이 이런 부분들을 의식해서 진나라의 천하 통일에 대한 계승 의식을 가지고『사기』에 안배한 두 체제가 '본기'와 '세가'입니다.

제대로 된 역사서가 없다

조금 전에 말씀 드린 바와 같이 과거사 정리의 필요성이 대두됐고, 그 필요성은 일단 육고陸賈의『신어』新語로 정리가 됩니다. 육고는 한나라 고조 유방劉邦 밑에 있던 신하입니다. 유방은 무식했지만 탁월한 안목을 갖고 있었습니다. 유방은 술 좋아하고 여자 좋아하는 건달로 시작해서 단 7년 만에 황제가 된 사람입니다. 그 가운데 5년은 누구하고 싸웠지요? 항우項羽와 싸웠습니다. 그것이 초한쟁패입니다. 이 7년 동안 황제가 돼 가는 과정에서 유방이 보여 준 리더십은 경이롭습니다. 저는 이것을 '진화하는 리더십'이라고 표현합니다.

유방이 가장 많은 관심을 기울인 것은 인재입니다. 그는 사람을 내 편으로 끌어들이는 것이 얼마나 중요한 일인지 뼈저리게 느낍니다. 유방은 천하를 통일한 뒤 공신들을 모아 놓고 항우가 패하고 자신이 승리한 원인을 분석하게 합니다. 공신들이 이러쿵저러쿵 말을 했겠지요. 유방이 가만히 다 듣고 난 다음 이렇게 이야기합니다. "나는 세 사람을 얻었기 때문에 항우를 이길 수 있었다." 그 세 사람은 서한삼걸西漢三傑이라 불리는 장량張良, 한신韓信, 소하蕭何입니다. "전투에 나가지 않고 천 리 밖 군막 안에서 전략과 전술을 수립해 승부를 결정짓는 능력이라면 나는 장량만 못하다." 여기서 '나는 장량만 못하다.'는『사기』원문을 보면 '오불여장량'吾不如張良입니다.

"후방에서 끊임없이 전쟁 물자를 지원하고 후방의 정치 상황을 안정시키는 능력으로 따지면 나는 소하만 못하다." 여기서 '나는 소하만 못하다.'는 '오불여소하'吾不如蕭何입니다.

"쳤다 하면 성을 깨고 공격했다 하면 적을 물리치는 능력으로 따지면 나는 한신만 못하다." 여기서 '나는 한신만 못하다.'는 '오불여한신'吾不如韓信입니다.

이를 '삼불여'三不如라고 합니다. 세 사람만 못하다. 유방은 이 세 사람의 인재를 얻었기 때문에 항우를 물리치고 승리할 수 있었다고 스스로 분석합니다. 대단한 리더지요.

이 '삼불여'는 2천 년이 넘는 시간 동안 중국 사람들에게 엄청난 영감을 줍니다. 유방에게 가장 많은 영향을 받은 사람이 마오쩌둥毛澤東입니다. 마오쩌둥은 초한쟁패를 깊이 있게 연구했습니다. 유방은 항우에게 계속 쫓겨 다녔어요. 거짓말을 조금 보태서 백 번 싸워 아흔아홉 번 지고 한 번 이겼습니다. 언제 한 번 이겼을까요? 마지막에 이겼습니다. 마오쩌둥도 장제스蔣介石에게 계속 쫓겨 다녔습니다. 대장정도 그래서 한 거지요. 쫓기고 쫓겨서 옌안까지 갑니다. 실제로 옌안에 가 보면 척박합니다. 사람이 살기도 어려워요. 그 황토고원까지 숨어들어 갑니다. 하지만 마오쩌둥은 결국 장제스를 대륙에서 몰아내고 베이징으로 진입합니다. 그때 마오쩌둥의 손에는 다 해진 가죽 가방이 하나 들려 있었습니다. 그 가죽 가방 안에 뭐가 들어 있었을까요? 『사기』가 들어 있었습니다. 대장정을 하는 그 힘든 와중에도 마오쩌둥은 역사책을 손에서 놓지 않고 밑줄 치고 메모했습니다.

다시 한나라 초기로 돌아와서, 육고가 유방에게 공부 좀 하라고 권합니다. "이제 황제가 되셨으니 책도 읽고 공부 좀 하세요." 그러니까 유방이 욕을 합니다. "야, 이놈아. 내가 세 자 길이의 칼을 들고 말 위에서 천하를 얻은 사람이야. 책은 무슨 책이야?" 여기서 마상득지馬上得之라는 유명한 말이 나옵니다. '지之' 자는 대명사입니다. 천하라는 뜻이에요. 유방의 말을 들은 육고가 이렇게 답합니다. "폐하께서 말 위에서 천하를 얻으셨는지는 모르지만 말 위에서 천하를 다스릴 수는 없습니다." 여기서 마상치지馬上治之라는 말이 나오지요. 문무를 겸하지 않으면 나라를 오랫동안 제대로 끌고 갈 수 없다는 뜻입니다.

유방의 가장 큰 장점은 상대편의 말이 옳으면 바로 받아들이는 것이었습니다. "어, 그래. 네 말이 맞다." 그래서 육고로 하여금 과거사를 정리하게 합니다. 진나라가 15년 만에 멸망한 원인이 무엇인지를 쭉 정리합니다. 그렇게 해서 만들어 낸 책이 『신어』입니다. 사마천이 이 책을 읽습니다.

사마천은 「진시황본기」秦始皇本紀에 한나라 초기의 학자인 가의賈誼의 「과진론」過秦論 전문을 수록합니다. 「과진론」은 진나라의 과오를 비판한 글입니다. 그러니까 사마천이

『사기』를 쓸 무렵 한나라의 식자층이나 조정에는 과거사를 종합적으로 정리해 볼 필요성이 강하게 대두하고 있었습니다. 여기에 사마천이라는 걸출한 인재가 나타나 과거사를 정리한 『사기』라는 걸작을 완성한 겁니다.

황가 도서관을 출입하다

사상과 학술적인 측면에서도 사마천이 『사기』를 쓸 만한 분위기가 조성됩니다. 진시황이 저지른 가장 악명 높은 사건이 뭐지요? 분서갱유焚書坑儒지요. 이때 수많은 전적이 불타 사라집니다. 당시는 종이가 발명되기 전이었기 때문에 죽간이나 목간에 글을 썼습니다. 이건 한번 타면 끝입니다. 그래서 사람들은 동굴이나 벽 안에 책을 숨겨 놓았습니다. 그러다가 한나라 초기에 노벽魯壁 사건이 벌어집니다. 노벽이란 노나라 때의 벽이란 뜻이고, 노나라는 공자의 고향을 말합니다. 공자 고향이 노나라의 수도 곡부曲阜라는 곳인데 이곳 공자의 옛집 벽 사이에서 문서가 나옵니다. 집을 수리하다가 우연히 벽에 감춰져 있던 유교 경전을 발견합니다. 그리고 한나라 초기에 어느 정도 나라가 안정되면서 사람들을 지방으로 보내 집에 숨겨 놓았던 책들을 전부 거둬들이도록 합니다. 그렇게 거둬들인 책을 황가 도서관에 소장하기 시작하지요.

고대 전적이 수집되고 옛 문헌들이 새로 발견되자 사마천은 전에 보지 못했던 기록을 볼 기회를 얻습니다. 여기에 금문경학今文經學, 고문경학古文經學 등을 연구하는 학자들이 나타남으로써 사상이 심화됩니다. 이런 분위기에서 동중서董仲舒, 공안국孔安國 같은 최고의 학자들이 출현합니다. 사마천은 중국 일대를 도는 여행에서 돌아오고 난 뒤 이 두 사람을 스승으로 모시고 공부했습니다.

조금 전에 말씀 드린 바와 같이 『신어』나 「과진론」처럼 역사를 추적하고, 역사책이 필요하다는 인식을 보여 주는 글들이 이미 출현해 있었고, 이는 사마천이 『사기』를 쓰게 하는 자극제가 되었습니다.

황가 도서관의 활용은 사마천의 『사기』 저술에 큰 영향을 미칩니다. 아버지 사마담司馬談이 태사령太史令이었단 말이지요. 태사령은 도서관 책임자입니다. 오늘날로 치면 국립도서관 관장 겸 국가기록보관소 총책임자였지요. 그래서 자연스럽게 아버지의 뒤를 이어 태사령 벼슬을 맡음으로써 자유롭게 자료를 열람할 수 있는 조건도 갖추어진 것입니다.

그랬음에도 사마천은 불만족스러웠습니다. 책은 많지만

계통이 없었던 것입니다. 역사책을 정리해야 하는데 역사 서술 체제가 안 잡혀 있었어요. 중구난방이었단 말이지요. 그래서 체계를 갖춘 통사의 출현을 갈망할 수밖에 없는 상황이었습니다.

아름다운 공범, 사마담

중국 역사상 극성 어머니 1호가 누구지요? 맹자 어머니입니다. 그러면 극성 아버지 1호는 누굴까요? 사마천의 아버지 사마담입니다. 사마천은 『사기』「태사공자서」에 아버지에 대한 기록을 꽤 많이 남겨 놓았습니다. 사실 『사기』에 아버지 사마담의 문장도 들어 있어요. 그런데 어머니에 대해서는 일언반구 없습니다. 굳이 써야 할 필요성을 못 느꼈겠지요. 역사책에 자신의 집안 내력을 시시콜콜 다 기록해야 한다고 생각하지 않았을 것입니다. 아버지 외에 형제를 비롯한 다른 가족 이야기는 일절 하지 않았습니다.

사마천은 열 살 때부터 아버지에게 옛글을 배우기 시작합니다. 사마담은 사마천이 열세 살이 됐을 무렵부터 아들을 데리고 역사 현장을 다녔습니다. 그리고 스무 살이 됐을 때 아들에게 배낭을 싸 주며 천하를 여행하게 합니다. "역사학

사마천의 아버지 사마담은 아들이 스무 살이 됐을 무렵 천하
주유를 떠나보낸다. 『사기』 탄생의 가장 큰 조력자라 할 수 있는
그를 가리켜 어떤 학자는 '아름다운 공범'이라 칭한다.

자가 되려면 책상머리에만 앉아 있어서는 안 된다. 도서관에만 틀어박혀 있어선 안 되니 현장에 나가라." 그렇게 등을 떠밉니다. 아마 인류 역사상 가장 위대한 여행일 것입니다. 대단한 아버지예요. 그래서 어떤 학자는 사마담을 가리켜 '아름다운 공범'이라 부르기도 합니다. 사마천은 아버지의 권유에 따라 300만 제곱킬로미터 정도 되는 영역을 약 3년에 걸쳐 여행합니다. 이 여행을 통해 사마천은 유방이 젊은 날 자주 가던 술집 두 곳을 찾아내기도 했어요. 실제로 『사기』에 술집 주모 두 사람의 이름이 남아 있습니다. 현장을 가 보지 않았다면 절대 알 수 없는 사실이지요.

『사기』가 다른 역사책과 구별되는 가장 큰 특징이 현장 정신입니다. 『사기』는 살아 있는 사람들에게 들은 수많은 이야기를 채록한 뒤 황가 도서관에 있는 기록과 대조해 가며 쓴 역사책입니다. 이러니 재미있을 수밖에 없지요. 여러 동네를 다니면서 할아버지, 할머니한테 옛날이야기를 들으면 얼마나 재밌겠어요? 유방을 도왔던 공신들에 관한 이야기를 생각해 보세요. 개고기 팔던 번쾌樊噲 이야기도 구구절절 나왔겠지요. 그러한 이야기들을 취사선택하는 것입니다. 믿을 만한 정보는 받아들이고, 버릴 건 버리고, 도서관에 있는 기록과 대조해서 『사기』를 썼습니다. 이것이 사마천이 가진 역사가로서의 자질 가운데 하나입니다. 무조건 받아들인 것이 아닙니다. 고증하고 대조해서 취사선택했습니다.

이 아버지의 역할이 대단히 중요합니다. 사마담은 자신이 직접 역사책을 쓰고 싶어 했습니다. '우리가 사관 집안이니 역사책을 하나 써야 하지 않겠는가.'라는 생각을 갖고 있었지만 본인 당대에 그 소원을 이루지 못합니다. 그래서 자신의 강렬한 열망을 아들에게 넘깁니다. 어릴 때부터 역사학자로 교육을 시킨 거지요. 그러고는 끊임없이 소명 의식을 불어넣어 줍니다. 사마천이 서른여섯 살 때 사마담이 세상을 떠나면서 남긴 마지막 말도 "우리 가문이 어떤 가문인지 잊지 말고 너는 반드시 내가 하지 못했던 일을 완수하라."였습니다. 사마천은 눈물을 흘리며 아버지 앞에서 반드시 역사책을 쓰겠다고 맹세합니다.

시대 분위기, 조건, 집안, 아버지 다 나왔습니다. 모든 조건이 다 갖추어졌다 해도 가장 중요한 건 사마천 개인이지요. 정작 당사자가 자질이 없으면 소용이 없으니까요. 말을 물가까지는 끌고 갈 수 있어도 결국 물은 말이 스스로 마셔야 된단 말이지요. 아버지에게 역사가로서의 자질을 교육받고 그것을 함양해 나갔으며, 나름대로 치열하게 공부도 하고 현장도 다녔어요. 현장을 다니면서 사마천은 시대의 흐름과 역사 속에서 한 인간의 역할이 얼마나 중요한가를 계속 경험하고 뼈저리게 느끼며 자기 나름의 소명 의식을 쌓아 나갔습니다. 어느 누구도 강요하지 않았습니다. 아버지는 자리만 깔아 준 것이지요. 사마천은 본인의 자질을 함양했던 사람입니다. 이것은 결국 타고나는 부분이겠지요. 억지로 여행을 가고, 억지로 써서 나온 책이라면 오늘날 이 자리에서 제가 여러분께 읽으라고 권할 만한 수준은 못 됐을 것입니다. 주변의 욕구와 조건과 환경, 사마천 자신의 기본 자질이 절묘하게 맞아떨어져서 위대한 걸작이 탄생하게 된 겁니다.

그리고 여기에 또 하나가 들어갑니다. 사마천은 마흔일곱 살 때부터 쉰 살까지 햇수로 4년, 실질적으로 3년 동안 일생일대의 치욕을 겪습니다. 이 고통의 시간이 없었더라면 오늘날 우리가 보는 『사기』의 모습은 상당히 많이 달라졌을 것입니다. 한 개인에게는 더할 나위 없는 비극이었지만 후대 사람들에게는 더할 나위 없이 귀한 선물로 승화했지요. 이와 관련해서는 뒤에 다시 자세하게 살펴보겠습니다.

처절하고 우아한 복수의 길

사관의 아들로 태어나다

사마천의 공부법으로 시작해 보겠습니다. 사마천은 『사기』의 첫 번째 권인 「오제본기」 마지막 부분에서 자신이 전설 시대의 제왕들까지 기록에 남기게 된 과정을 설명하며 이들에 대해 공부한 방식을 '호학심사好學深思, 심지기의心知其意'라는 여덟 글자로 표현했습니다. 배우길 좋아하고, 깊이 있게 생각하면 마음으로 그 뜻을 알게 된다는 의미입니다. 이 공부법은 오늘날 우리 학교 교육의 폐단을 그대로 꼬집는 것 같아요.

우리 교육은 생각하게 내버려 두지 않는단 말이지요. 깊이 있는 사고에서 창의력이 길러지고 새로운 발명이 나오는데 생각할 시간을 안 주는 거예요. 아이들에게 "찍어라. 외워라." 이렇게 가르칩니다. 초등학생 때까지만 해도 부모는 아이들에게 열심히 책 읽으라고 이야기합니다. 중학교 1학년까지도 그냥 봐주지만 중학교 2학년, 3학년이 넘어가는데도 아이가 책 읽고 있으면 슬슬 제동을 걸어요. 고등학생이 됐는데 소설책 읽고 있으면 뭐라고 합니까? "네가 지금 제정신이냐." 이런단 말이지요. 그래서 통계를 내 보니까 초등학교 6학년 때까지 읽은 책의 양이 평생 독서량의 90퍼센트에 해당한답니다. 이런 어처구니없는 통계가 나오는 곳이 한국입니다.

실제로 다양한 분야의 책을 많이 읽으면 사고의 능력과 폭이 넓어지고 깊이가 생기기 때문에 철도 일찍 나고 나중에 커서 인생을 살아가는 데 큰 도움을 받을 수 있습니다. 그런데 초등학교 다닐 때까지만, 열세 살 때까지만 대충 읽고 그 이후부터는 못 읽게 하니까 문제가 커집니다. 사실 사춘기 때는 제일 생각이 많고, 스펀지처럼 모든 걸 흡수할 수 있는 나이이기도 합니다. 사춘기 때 독서를 하면 슬기롭게 질풍노도의 시기를 넘길 수가 있는데 그걸 막고 못 하게 하니까 더

삐뚤어지고, 튕겨져 나가는 게 아닌가 생각합니다.

'호학심사, 심지기의.' 생각하면 생각할수록, 씹으면 씹을수록 깊은 맛이 있는 여덟 글자가 아닐 수 없습니다. 이 여덟 글자를 마음에 품고 사마천의 일생에 대한 이야기를 시작하겠습니다.

『사기』130권 중 제일 마지막 권이 「태사공자서」이고, 반고의 『한서』에는 「보임안서」報任安書라고 하는 사마천이 친구 임안에게 보낸 편지가 한 통 남아 있습니다. 지준摯峻이라는 사람에게 보낸 편지도 한 통 남아 있지요. 모두 짧은 글입니다. 그러다 보니 사마천 일생을 추적하기가 굉장히 어려워요. 사마천은 자서전에 자기가 언제 태어났다고 밝히지 않았습니다. 기록으로 남길 필요가 없었겠지요. 당시에는 다 아는 사실이었으니까 문제가 없었습니다. 그런데 후대에 와서 기록들이 다 없어지면서 사마천의 출생 연도에 문제가 발생합니다. 현재는 기원전 145년에 태어났다는 주장이 거의 정설로 통하고 있습니다.

사마천은 기원전 145년에 지금의 산시성陝西省 한청시韓城市에서 태어났습니다. 옛날에는 이 지역을 하진河津이라고 불렀습니다. 하진은 황하 나루터라는 뜻이에요. 옛날에 중국 사람들은 황하를 '하'河라 부르고 장강을 '강'江이라 불렀어

약 100년 전의 용문. 등용문이란 용이 넘나드는 문,
즉 용문에 올라갔다는 뜻이다. 중국에는 잉어가 물살을 거슬러
상류로 올라가면 용이 된다는 전설이 있는데 대체로
시험에 합격했을 경우 등용문이라고 이야기한다. 이 용문이
바로 사마천의 고향이다.

요. 이 두 강이 중국의 양대 강이지요. 남쪽에 흐르는 장강은 6천 킬로미터가 넘는 중국에서 가장 긴 강이고, 북쪽에 흐르는 강이 이 황하입니다. 두 강을 구분하기 위해 황하는 '하', 장강은 '강'이라고 불렀습니다.

오늘날 한청시에 있는 사마천의 사당과 무덤에 올라가면 황하가 내려다보입니다. 황하의 길이가 5,600킬로미터 정도 되는데 5분의 3이 흘러온 지점에 사마천 고향이 있습니다. 여기가 산시성陝西省에서 산시성山西省으로 넘어가는 길목에 해당합니다. 딱 경계예요. 한청시에서 강 하나만 건너면 산시성山西省입니다. 북쪽에서 내려올 때 이 강을 넘어야 산시성陝西省으로 진입이 가능하고, 산시성陝西省에 들어와야 장안長安, 오늘날의 시안西安으로 진격할 수 있었습니다. 그래서 이 지역은 지리적으로 중요한 요충지였어요. 그래서 유명한 전투가 이 지역에서 많이 벌어졌습니다.

사마천이 태어난 하진의 별명이 용문龍門입니다. 이 지역에 오면 황하의 물살이 갑자기 급해집니다. 옛날부터 이곳에 전설이 하나 전해 오는데 잉어가 물살을 거슬러 상류로 올라가면 용으로 변한다는 것입니다. 이것이 등용문입니다. 우리나라 학원 이름에 꽤 많이 등장하는 등용문이 바로 여기서 나온 것입니다. 대체로 시험에 합격했을 경우에 등용문이라고 이야기합니다. 등용문이란 용이 넘나드는 문에 올라갔다는 뜻이 되니까요. 말하자면 출세했다는 의미입니다. 그래서 등용문 학원이 많이 생겼는데 등용문 학원 원장에게 "이 이름이 어디서 나온 건지 아세요?" 물어보니까 모르더라고요. 실제로는 사마천이 태어난 곳의 별명입니다. 사마천이 「태사공자서」에서 자신은 용문에서 태어났다고 이야기합니다.

사마천은 열아홉 살 때까지 이곳 용문에서 살았습니다. 열 살 때부터 공부를 시작했는데 그전까지는 주로 농사짓고 양을 치며 살았어요. 그러다 열아홉 살 때 아버지를 따라 당시의 서울인 장안 근처로 이주합니다. 아버지의 벼슬이 높아지면서 시골집에 오는 시간이 줄어들다 보니 이참에 가족들을 장안 근처로 이주시킨 거지요. 그렇게 옮긴 곳이 무릉茂陵입니다. 무릉은 한나라 무제의 무덤 이름이자 도시 이름이었습니다. 중국에서는 황제의 무덤 이름과 도시 이름이 일치합니다.

중국 황제들은 즉위하면 바로 무덤을 만들기 시작했습니다. 우리나라 왕들도 마찬가지예요. 왕이 된 뒤 해를 넘기지 않고 바로 무덤 조성에 들어갑니다. 장소부터 먼저 고릅니다. 왜 이렇게 무덤을 일찍 만들까요? 만약의 사태에 대비하기 위해서입니다. 왕이 갑자기 죽으면 빨리 뒤를 수습하고 후계자를 앉혀야 되잖아요. 왕조 체제에서는 보위가 단 하루라도 비면 큰 문제가 발생합니다. 그렇다 보니 자연스럽게 (기분이 좋지는 않았겠지만) 즉위하면 바로 무덤을 만들었습니다.

진시황은 열세 살 때 즉위해서 쉰 살에 죽습니다. 재위하는 38년 동안 무덤을 다 만들지 못했습니다. 그 아들 대에 가서야 무덤이 완성됩니다. 그것이 오늘날 셴양咸陽에 남아 있는 진시황릉이고, 이 진시황릉에서 1.5킬로미터 떨어진 곳에서 병마용이라는 지하 군단이 발굴된 것입니다. 병마용은 현재 진시황의 무덤을 호위하는 사후 호위 군단으로 보고 있습니다. 진시황의 무덤과 병마용갱을 다 포함해서 능원陵園이라고 합니다. 진시황릉 능원은 90여만 평 정도 됩니다. 병마용갱은 1970년대 중반부터 발굴하기 시작해서 지금 40년째 발굴하고 있고, 발굴이 완료되려면 향후 1세기는 더 걸릴 것으로 추정하고 있습니다. 중국의 스케일은 직접 가 보지 않으면 상상이 잘 안 갑니다.

한나라 무제는 열여섯 살 때 즉위합니다. 사마천보다 열 살 정도 위예요. 즉위하고 난 뒤 바로 무릉 조성에 들어가는데, 중국은 황제의 무덤을 조성할 때 신도시 계획을 발표하고 상인들을 강제 이주시킵니다. 옛날에는 강제 이주가 가능했어요. 그리고 상인 외에 돈 많은 사람, 불량한 사람, 돈은 없지만 공부는 좀 하는 사람 등을 무릉으로 이주시킵니다. 사마천도 이때 아버지를 따라 무릉에 옵니다. 황제 무덤을 만들려면 뭐가 필요할까요? 나무, 돌, 각종 공예품, 이와 관련된 기술자가 어마어마하게 필요하겠지요. 그러니까 무릉한 지역을 경제 구역으로 만들어 이 안에서 거래가 이루어지고 경제가 돌아가게 만들었습니다. 그렇게 무릉에 상권이 형성되고, 점차 인구가 늘어났겠지요. 이런 방식으로 무덤을 조성했던 것입니다.

5천 년 중국 역사 중 기록에 남아 있는 제왕만 약 6백 명정도 됩니다. 이 제왕들의 무덤 가운데 정식으로 발굴한 무덤이 몇 개나 될까요? 여기서 '정식'이란 말은 중국의 최고의결 기구인 국무원의 승인을 받아 발굴했다는 의미입니다. 그렇게 승인을 받아 발굴한 무덤은 하나밖에 없습니다.

베이징에 가면 명십삼릉明十三陵이라고 있습니다. 그 가운데 정릉定陵이라는 곳이 정식 발굴을 거쳤습니다. 앞서 말씀 드렸지요? 임진왜란 때 우리나라에 구원병을 보내 준 형편없는 황제 신종神宗의 무덤이 이 정릉입니다. 비가 많이 내리던 어느 날 배수구를 찾다가 우연히 이 무덤의 입구를 발견합니다. 옛날 황제 무덤은 입구가 어딘지 불분명했습니다. 도굴당할 위험이 있기 때문에 입구가 어디인지 안 가르쳐 줘요. 다 비밀에 부칩니다. 그런데 물이 안 빠져서 배수 시설을 찾다가 우연히 입구를 발견합니다. 입구를 찾았으니 한번 파보자 해서 발굴을 시작합니다. 중국 사람들은 이 발굴을 천추의 한이라고 평가합니다. 발굴하고 나니 습기가 차서 무덤 내부가 완전히 물바다가 됐거든요.

우리나라 석굴암이 유사한 사례입니다. 지금 석굴암에 가면 본존불이 있고, 그 옆에 작은 굴이 하나 더 있습니다. 그게 뭘까요? 습기 제거기가 돌아가는 굴이에요. 저는 이것을 "석굴암이 인공호흡기를 달고 있다."라고 이야기합니다. 무덤은 항상 지하에 파기 때문에 배수가 가장 큰 문제입니다. 아무 생각 없이 발굴하면 습기가 막 차오릅니다. 그래서 땅을 치고 후회하는 발굴이 됐습니다.

진시황 무덤은 손도 안 댔습니다. 병마용갱은 우연히 한 농부에 의해 발견됐습니다. 지금 병마용갱 전시관이 있는 자리가 옛날에 다 밭이었습니다. 1970년대에 가뭄이 져서 물이 안 나오니까 이 농부가 곡괭이를 들고 우물을 파기 시작했어요. 깊이깊이 파고들어 가다 보니 뭐가 걸린단 말이지요. "어, 뭐가 나오네." 그렇게 병사 머리를 찾아냅니다. 그

명나라 황제 열세 명의 무덤이 모여 있는 명십삼릉. 이 중 신종
황제의 무덤인 정릉은 중국 정부의 승인을 받아 발굴되었으나
'실패한 발굴', '천추의 한이 된 발굴'로 남고 말았다.

리고 농부가 정부에 신고를 하면서 발굴이 시작됩니다. 길어야 6개월이면 끝날 줄 알았던 이 발굴이 40년째 이어지고 있습니다.

병마용갱이 30년 동안 벌어들인 입장료 수입만 약 5조원입니다. 그사이에 입장료가 900배 올랐습니다. 이것이 문화의 위력입니다. 제대로 보존하고 보호한 문화재가 얼마나 많은 부가 가치를 창출하느냐를 병마용갱이 여실히 보여 줍니다. 이 지역은 산업 구조가 모조리 바뀌어 버렸어요. 농사짓던 사람들이 지금 전부 3차 산업에 종사하고 있습니다. 식당 아니면 관광업으로 생계를 이어가고 있어요. 30년이라는 짧은 시간 동안 이 지역 사람의 삶 자체가 바뀌어 버렸습니다. 그래서 조만간 인류학자들이 병마용갱 주변 지역 사람들의 생활 모습이 어떻게 변화해 왔는지 인류학적인 조사를 벌일 예정이라고 합니다.

여행, 살아 있는 역사와의 만남

이렇게 해서 사마천은 열아홉 살 때 무릉으로 이주합니다. 사마천은 무릉으로 이주하던 그해 특이한 경험을 하나 합니다. 바로 유협 곽해郭解를 만난 것입니다. 유협은 오늘날로 치면 조직폭력배 두목입니다. 조직폭력배는 조직폭력배인데 양아치가 아니고 돈이 없거나 힘이 없는 사람들을 돕는 사람이었습니다. 이들은 정해진 법에 따라 행동하지 않았습니다. 살인도 서슴지 않고 다양한 불법 행위를 저지르지만 약한 사람을 도와줍니다. 권력자 입장에서는 굉장히 위협적인 존재입니다. 일반 하층민에게는 존경을 많이 받는데 통제가 안 되잖아요. 그래서 한나라 무제 때를 전후로 이 유협들이 전부 제거당합니다.

사마천은 열아홉 살 때 정부의 지명 수배를 받아 지금의 한청韓城 주변까지 쫓겨 온 곽해를 우연히 만나 강렬한 인상을 받습니다. 열아홉, 한창 혈기 왕성할 때 명망 높은 치외법권 인물을 만났잖아요. 그래서 과감하게 『사기』에 「유협열전」游俠列傳을 넣습니다. 역대로 유명했던 조직폭력배 두목들을 쭉 기록합니다. 그리고 이 사람들에 대해 굉장히 우호적인 글을 남깁니다. 유협은 누군가 어려운 일을 겪고 있으면 언제든 달려가서 그 사람의 어려움을 해결해 주는 사람들이었습니다. 그러면서도 자신의 공명을 세상에 드러내려 하지 않았습니다. 오른손이 하는 일을 왼손이 모르게 하는 부류였어요.

사마천은 이들과 현행법의 관계, 이들과 정치의 문제,

이들의 행위와 다른 사람들의 행위가 어떻게 다른지 등을 상당히 깊이 있게 성찰합니다. 법의 테두리 안에 살고 있으면서 그 법을 교묘하게 이용해 악행을 저지르는 사람들과 법의 테두리 밖에 살고 있지만 나쁜 짓하지 않고, 보통 사람을 돕는 사람들의 차이가 무엇이고 그 차이는 어디서 오는 것인지를 고민합니다.

『사기』가 다른 책과 구별되는 특별한 책인 또 다른 이유가 이것입니다. 이런 생생한 경험이 책에 생명을 불어넣는 거지요. 앞서 말씀 드린 것처럼 사마천이 스무 살 때 떠난 여행이 굉장히 중요합니다. 사마천이 천하를 주유하며 얻었던 영감과 상상력을 총동원해 가장 사실에 가깝게 재구성한 책이 『사기』입니다.

이 여행이 얼마나 중요한 역할을 했는지는 장량에 대한 묘사를 보면 잘 드러납니다. 장량은 유방을 도와 천하를 통일한 서한삼걸 중 한 사람입니다. 사마천은 「유후세가」留侯世家라는 장량의 전기를 쓰면서 장량이 굉장히 우락부락하게 생기고, 덩치도 크고, 수염도 많이 난 아주 남성적인 사람일 거라고 생각했어요.

장량은 위로 4대조 할아버지까지 모두 한韓나라의 재상을 지낸 명문가 출신이었습니다. 귀족 중에서도 진짜 귀족,

뼛속까지 전부 귀족이었어요. 그런데 한나라가 진시황의 진나라에 의해 처참하게 멸망당하자 장량은 조국을 멸망시킨 진시황에게 복수할 계획을 세웁니다. 장량의 복수심이 얼마나 대단했던지 죽은 동생의 장례도 제대로 치르지 않고 모든 재산을 다 긁어모아 창해역사倉海力士라고 하는 당대 최고의 킬러를 고용합니다. 동생 장례식에 사용할 돈까지 복수하는 데 썼던 것이지요.

창해역사는 진시황이 언제 어디로 행차할 것이란 정보를 입수하고는 박랑사博浪沙라는 곳에 숨어서 진시황의 마차가 나타나기만 기다렸습니다. 그리고 진시황이 탄 마차가 나타나자 철퇴를 날려 마차를 부숩니다. 그런데 암살에 실패해요. 왜 그랬을까요? 마차를 잘못 알았던 것이지요. 예를 들어 분명히 진시황이 2호 마차에 탈 것이라는 정보를 입수해서 철퇴를 날렸는데 3호 마차에 타고 있었던 것입니다.

진시황은 암살 위기를 무려 세 차례나 넘긴 인물입니다. 공식적인 암살 시도만 세 차례나 기록되어 있습니다. 그래서 진시황은 한 번 행차할 때마다 똑같이 생긴 마차를 여러 대 동원했습니다. 1호 차, 2호 차, 3호 차. 그리고 자신이 어디에 탔는지 아무에게도 알려 주지 않았습니다. 진시황은 자신의 침소가 어디인지도 알리지 않았던 인물입니다. 중국 황제들은 역대로 자신이 어디서 자는지 알려 주지 않았는데 그 원조가 진시황입니다. 「진시황본기」에 보면 침소를 비밀에 부치는 장면이 나옵니다. 자신의 침소를 아는 사람이 이를 입 밖에 내고 그것이 들통 나면 가차 없이 목을 잘라 죽였어요. 그 정도로 진시황은 의심이 많은 사람이었습니다.

그리하여 많은 돈을 들여 고급 정보를 입수했음에도 장량은 암살에 실패하고 지명 수배자 신세가 됩니다. 이런 행적 때문에 사마천은 장량을 굉장히 남성적인 사람이라고 생각했습니다. 그런데 장량 사당에 직접 가 본 뒤 사마천은 자신이 그동안 잘못 알고 있었다는 사실을 확인합니다. 장량 사당에 모셔져 있는 초상화를 보니 예쁜 여자처럼 생겼단 말이지요. 그래서 「유후세가」에는 사마천이 장량을 우락부락한 남자일 것이라 생각했다고, 미안하다고 사과하는 대목이 나옵니다.

그렇다면 왜 장량의 얼굴이 여자처럼 곱상했을까요? 사마천이 장량의 일대기를 추적해 보니 원래 장량은 잔병이 많고 건강이 안 좋았습니다. 그래서 양생, 기공 같은 것을 합니다. 먹는 것도 다르게 하고, 늘 오늘날의 요가 비슷한 걸 했던 것 같아요. 이 기공을 잘하면 피부가 여자처럼 고와진다고 합니다. 그래서 장량이 피부가 뽀얗고 여자처럼 고왔대

사마천은 장량을 우락부락한 남자일 것이라 생각했다.
그런데 천하 주유 시 장량 사당을 방문한 뒤 자신의 생각이
잘못되었음을 깨달았다. 만약 사마천이 여행을 하지 않았다면
우리는 장량의 외모를 지금과는 전혀 다르게 알았을 것이다.
양생술을 해 여자처럼 곱상했던 장량의 초상화다.

요. 사마천이 현장에 가 보지 않았다면 장량에 대한 자신의 생각이 잘못됐다는 걸 어떻게 알았겠어요?

스무 살에 여행을 떠나 3년 정도 천하를 주유하고 돌아온 사마천은 당대 최고의 학자들과 교류합니다. 그때 최고의 학자는 공안국과 동중서였습니다. 사마천은 이들에게 유교의 가장 깊이 있는 사상과 철학을 배웁니다. 사마천이 단순한 역사가가 아닌 사상가이자 철학가로 평가받는 이유도 당대 최고의 학자들, 사상가 내지 철학가들과 교류하여 자기학문의 깊이를 더해 나갔기 때문입니다.

사마천은 대개 20대 중후반에 관료가 된 것으로 추정됩니다. 30대에 들면서는 국가의 제도와 문물에 깊게 관심을 보이기 시작하고 30대 중반이 되면 달력을 만듭니다. 이것이 태초력입니다. 이 태초력이 오늘날 우리가 사용하는 음력입니다. 그전까지만 해도 1월이 아닌 10월이 새해 첫 달이었어요. 사마천이 다른 전문가들과 함께 태초력을 제정함으로써 1월이 새해의 첫 달이 된 것입니다.

그래서 중국사 연표는 보기가 굉장히 어렵습니다. 태초력이 기원전 110년 무렵에 만들어졌으니 기원전 110년 이전의 연표는 항상 10월부터 시작한단 말이지요. 저도 처음 공부할 때는 연표를 잘못 쓴 줄 알았습니다. 그런데 그게 아니었던 것이지요. 사마천과 전문가들이 태초력을 제정함으로써 동양 사회에 절대적인 영향을 미친 음력 달력이 나온 것입니다.

사마천은 관료가 되고 난 뒤 무제를 열심히 따라다닙니다. 무제를 보필하며 천하를 순시하지요. 사마천은 스무 살 때 이미 한 차례 천하를 여행했지요. 그리고 황제를 따라다니며 대여섯 차례 이상 천하를 순시합니다. 여기에 더해 오늘날의 쓰촨성四川省 지역에 해당하는 서남이西南夷 지역을 정벌하는 경험도 하게 됩니다. 이런 모든 경험이 쌓여 당시 중국 강역 전체에 대한 나름의 인식이 자리 잡혔던 것입니다. 어느 동네는 풍물이 어떻고, 풍토가 어떻고, 언어가 어떻고, 지형이 어떻고, 사람들의 기질은 어떤지 같은 것 말이지요. 역사학자로서 대단히 중요한 경험입니다. 역사를 밋밋하게 쓰지 않게 되지요. 이 동네 사람과 저 동네 사람의 성격을 다르게, 생생하게 묘사한단 말이지요.

이렇게 해서 사마천은 『사기』를 입체적으로 구상하고, 서술할 수 있는 중요한 경험과 자료를 확보합니다. 이것이 여행이 가져다주는 가장 큰 부가 가치입니다. 여러분도 늦지 않았습니다. 틈만 나면 나가서 기록하세요. 그럼 그것이 여러분의 역사가 되고, 여러분의 길이 될 것입니다.

『사기』를 집필하다

사마천이 서른여섯 살이 되었을 때 아버지 사마담이 세상을 뜹니다. 이 아버지가 얼마나 대단한 사람인지는 이미 말씀을 드렸습니다. 아들의 자질을 정확하게 간파하고, 그 자질에 맞게 프로그램을 만들어서 이십 대 때 천하 주유까지 보낸 사람이 사마담입니다. 그리고 스무 살 이후로는 딱 손을 놓습니다. 성인이 됐으니 이제 알아서 하라는 거지요.

중국의 격언 가운데 '시약불여시방'施藥不如施方이라는 말이 있습니다. 약을 주는 것보다 처방전을 주는 것이 낫다는 뜻입니다. 중국의 도사 가운데 여동빈呂洞濱이라는 이가 있었습니다. 여동빈이 동굴 속에서 수년간 수행해 득도를 합니다. 그리고 세상으로 나옵니다. 득도를 했으니 한껏 의기양양했지요. 동굴에서 나와 길을 가다 허우대가 멀쩡한 젊은이를 한 명 만납니다. 득도도 했으니 제자를 한 명 길러 봐야겠다고 생각한 여동빈이 젊은이에게 "내 제자가 되겠느냐?" 하고 묻습니다. 그런데 젊은이가 "싫습니다."라고 대답합니다. 여동빈이 "이러면 내 제자가 되겠느냐?"라고 말하며 손가락으로 바위를 금으로 만드는 도술을 부립니다. "저 금을 줄 테니 내 제자가 되겠느냐?" "싫습니다." "그럼 어찌해야 되느냐?" "그 손가락을 주십시오." 그랬더니 여동빈이 "이런 버르장머리 없는 놈."이라고 말하며 젊은이를 내쫓았습니다. 그런데 가만히 생각해 보면 젊은이가 똑똑한 거지요. 황금 알을 낳는 거위 이야기와 똑같은 이치입니다. 저는 교육도 마찬가지라고 봅니다.

사마천의 아버지 사마담이 정확하게 이 방법을 터득했던 것 같습니다. 아들에게 처방전을 주었지요. 이런 아버지가 사마천이 서른여섯 살 때 돌아가십니다. 당시에는 황제가 치르는 행사 가운데 가장 중요한 것이 봉선封禪이었습니다. 봉선이란 하늘과 땅의 제사를 말합니다. 가장 동쪽에 있는 태산에서 제사를 지내야만 천자의 권위가 만천하에 알려진다고 해서 봉선제를 나라의 가장 큰 행사로 쳤습니다. 제왕이라면 누구든 봉선제를 지내고 싶어 했습니다.

진시황은 끊임없이 동방 시찰을 나가 태산으로 향했습니다. 태산에 가 보면 진시황이 올라갔던 자리에 비석이 세워져 있습니다. 어느 날 진시황이 태산에 올라 봉선제를 지내고 내려오다가 소나기를 만납니다. 그래서 나무 밑에 가서 잠시 비를 피해요. 비가 그친 뒤 진시황이 비를 막아 준 나무에 오대부라는 벼슬을 줍니다. 지금도 태산에 가면 오대부송五大夫松이라는 소나무가 남아 있습니다.

태산에서 지내는 봉선이 그만큼 큰 행사였기 때문에 관료들에게도 이 행사에 참석하느냐 마느냐가 대단히 중요했습니다. 천문, 역법을 관장하고 기록을 담당했던 사마담도 이 봉선제에 참석하는 것이 일생의 가장 큰 바람이었습니다. 그런데 무제가 사마담을 제외시킵니다.

사실 그때 제사 방식을 두고 신하들끼리 언쟁이 심했습니다. 이렇게 하는 게 맞다, 저렇게 하는 게 맞다, 제사 그릇은 무엇으로 해야 하고, 절차는 어떻게 해야 한다며 논쟁을 벌입니다. 제대로 된 제사 절차에 대한 기록이 남아 있지 않으니까 다들 자신이 어딘가에서 들은 이야기를 하며 막 싸웠어요. 그러니까 무제가 화를 내고는 몇몇 사람만 데리고 태산으로 훌쩍 떠나 버립니다. 사마담은 화병이 나 쓰러집니다. 물론 그전에도 건강이 안 좋았겠지요.

서남이 정벌에 나갔던 사마천이 돌아오면서 이 이야기를 듣고는 아버지를 찾아갑니다. 사마담은 "내가 태사령이란 자리에 있으면서도 그것을 기록으로 남기지 못하여 천하의 역사를 폐기하기에 이르렀구나. 나는 이것이 너무 두렵다. 그러니 너는 이런 내 심정을 잘 헤아리도록 하여라."라고 속마음을 털어 놓습니다. 내가 염원했던 것, 내가 준비해 왔던 것을 네 당대에는 이루라는 말입니다. 사마천은 눈물을 흘리며 아버지 손을 잡고 이렇게 맹세합니다. "소자가 비록 부족하지만, 아버지께서 정리하고 보존하여 온 중요한 기록들을 빠짐없이 정리하도록 하겠습니다." 역사책을 쓰겠다는 다짐입니다. 이렇게 아버지의 유언은 사마천에게 대단히 중요한 작용을 합니다.

사마천은 마흔을 넘기면서부터 『사기』를 집필하기 시작합니다. 대개 마흔두 살을 전후해 『사기』를 쓴 것으로 보고 있습니다. 늦게 시작한 것 같지만 실제로는 아버지 대부터 계속 자료를 정리하고 있었기 때문에 그리 늦었다고는 볼 수 없습니다. 황제를 수행하며 늘 공무에 쫓기느라 마땅한 집필 기회를 찾지 못하던 사마천이 마흔이 넘으면서 본격적으로 『사기』 저술에 매달린 것으로 역사가들은 추정합니다.

치욕스러운 형벌

마흔일곱 살 때 사마천 일생에서 가장 중요한 사건이 하나 터집니다. 이름 하여 '이릉지화'李陵之禍라는 사건입니다. 이릉을 변호하다 당한 화라는 뜻입니다.

이릉이라는 젊은 장수가 흉노와의 전쟁에서 연전연승을 거둡니다. 5천 명의 결사대로 5만 명의 흉노와 싸워 계속 승리합니다. 조정에서는 매일 밤마다 잔치를 열고, 당대 최고의 명장이 났다는 둥, 나라를 떠받칠 사직지신社稷之臣이라는 둥 이릉에 대해 별의별 칭찬을 다합니다. 그러던 중 이릉이 흉노에게 패해 항복했다는 소식이 들려옵니다. 그러자 입에 침이 마르도록 칭찬하던 신하들이 돌변해 이릉을 비난하기 시작합니다. 황제인 무제 입장에서도 답답하지요. 승승장구하다 갑자기 무슨 이런 날벼락 같은 일이 생기느냐, 이런 마음이었겠지요. 그래서 어찌할 바를 모르고 밥도 제대로 못먹고, 잠도 제대로 못 자며 끙끙거리다가 사마천에게 이 일을 어떻게 생각하는지 묻습니다.

사마천은 황제의 심기도 달래고, 이릉에 대해 변명도 해줄 겸 솔직하게 이야기합니다. "이릉이 항복하고 싶어서 했겠습니까. 5천 명밖에 안 되는 군사를 가지고 5만 명이나 되는 대군을 상대하면 중과부적衆寡不敵이니 어쩔 수 없지 않습니까. 그리고 제가 지켜본 바로는 이릉은 충직하고, 늘 나라를 생각하는 충신입니다. 기회가 되면 언젠가 탈출해 나라에 보답할 것입니다." 여기까지만 이야기했으면 문제가 없었을 텐데 사마천이 한마디를 덧붙입니다. "그리고 작전상의 문제도 있었습니다." 이 마지막 말이 황제의 심기를 건드립니다. 작전에 문제가 있었다는 말은 작전을 지휘하는 총책임자에게 문제가 있다는 말이잖아요. 당시의 총책임자는 이광리 李廣利라는 무제의 처남이었습니다. 무제가 가장 총애하던 이부인의 오빠였어요. 그러니 아무것도 모르는 주제에 사령관을 헐뜯었다, 이렇게 된 것입니다. 그래서 옥에 갇힙니다. 사마천이 마흔일곱 살 때의 일이었습니다.

사마천이 마흔여덟 살이 됐는데 흉노 쪽에서 소문이 하나 들려옵니다. 이릉이 흉노 군대를 훈련시키고 있다는 소문이었습니다. 그 소문을 들은 무제가 사실 여부도 확인하지 않고 노모를 포함한 이릉의 가족을 몰살시켜 버립니다. 그러고는 반역자인 이릉을 편들었다는 이유로 사마천에게 사형 선고를 내립니다. 반역자를 두둔했으니 너도 반역자라는 논리였지요.

이제 일이 이상하게 돌아가기 시작합니다. 사마천은 자신이 죽을죄를 지은 것도 아니고 총애받는 관료이니 황제의 심기가 풀리면 자신도 곧 풀려나리라 믿었습니다. 그런데 반역죄로 몰려 사형을 선고받고 보니 이제 이야기가 달라진 거예요. 사마천 입장에서는 마른하늘에 날벼락이지요. 그리고 이때부터 옥리들이 고문을 하기 시작합니다. 마흔여덟 살 때부터 사마천은 극심한 고통을 겪습니다.

더욱 큰 문제는 막 집필을 시작한 『사기』였습니다. 매일매일 『사기』가 마음에 걸리는 것이지요. '이걸 어떻게 해야 하나. 이대로 죽어야 하나, 살아야 하나.' 죽고 싶다는 생각을 수도 없이 합니다. 그런데 『사기』를 완성하려면 살아남아야 하잖아요. 당시 한나라 법에 따르면 사형수가 살아남는 방법이 두 가지 있었습니다. 하나는 돈을 내는 것이고, 다른 하나는 성기를 자르고 내시가 되는 것이었습니다.

옥에 갇힌 사마천은 자신의 인생을 다시 돌아봅니다. 갇혀 있는 사마천을 아무도 찾지 않았고, 아무도 변호해 주지 않았습니다. 사마천은 '내가 그동안 잘못 살았나? 어찌 이럴 수 있을까?'라며 민심과 세태에 대해 재고합니다. 인간의 본질에 대해, 자신이 몸담았던 관료 세계에 대해, 그 관료 세계의 최고 정점에 있는 황제에 대해, 모든 것을 다시 생각합니다.

사마천이 마흔아홉 살 때 궁형을 자청한 이유는 겉으로는 『사기』를 완성하기 위해서였지만 실제로는 내용을 바꾸기 위해서였습니다. 옥에 갇히지 않고, 궁형을 당하지 않았다면 사마천은 무제를 칭송하고, 자기가 모신 황제에 대해, 자신의 제국에 대해, 동료들에 대해 이렇게 신랄하게 비판의 칼날을 들이대지 않았을 것입니다. 아니 그렇게 못했을 테지요.

사마천은 생각하고 또 생각합니다. 『사기』에 질적 변화가 일어납니다. 체제는 아버지가 살아 있을 때 이미 다 잡아놨던 것입니다. 문제는 그 안에 집어넣을 내용이었습니다. 이제는 단순히 역사책을 완성해야 한다는 소명 의식의 문제가 아니었지요. 어떻게 복수하느냐의 문제였습니다. 붓을 움직이는 사람은 글을 쓰는 것 외에는 달리 복수할 방법이 없으니까요. 군대를 움직일 수 있는 군인도 아니고, 권력자도 아니었단 말이지요. 사마천이 할 수 있는 일이라고는 오로지 붓을 가지고 억울함을 호소하고, 후대 사람들에게 귀감이 되고, 권력자에게 서늘한 경고장이 될 만한 역사서를 집필하는 것뿐이었습니다.

사마천은 복수를 결심했습니다. 복수하려면 살아남아야지요. 그래서 궁형을 자청하고 나이 쉰에 풀려나 『사기』를 마저 완성해 나갑니다. 이 복수를 뭐라고 부를까요? 문화복수입니다. 문화로 복수한다는 뜻입니다. 서양에서 말하는 "펜이 칼보다 강하다."와 같은 의미지요(이 말은 영국작가 에드워드 리턴이 쓴 『아르망 리슐리외』란 작품 속에 나오는 대목입니다). 앞서 말씀 드린 것처럼 역대 권력자들이 이 책을 대놓고 읽으라고 하지 못한 이유가 바로 여기 있습니다. 이런 사마천의 저술 행태를 '발분저술'發憤著述이라고 합니다.

남을 욕하거나 원망하거나 자기 연민에 빠지는 것이 아니라 저술에 울분을 표출하는 것을 발분저술이라고 합니다.

사마천은 옥에 갇혀 있던 약 3년간 말로 표현할 수 없이 힘든 시간을 보냈습니다. 옥에서 나온 뒤에는 더 힘든 시간을 보냈지요. 성기를 자르면 그다음부터 정체성의 문제가 발생합니다. 호르몬 변화로 목소리가 여자처럼 바뀌고, 수염이 없어집니다.

궁형의 집행 방식을 잠시 설명하고 넘어가겠습니다. 먼저 노끈으로 고환까지 포함한 성기 전체를 꽁꽁 묶어 둡니다. 당시에는 마취제가 없으니까 이렇게 묶어서 신경을 죽인 다음 날카로운 칼을 이용해 통째로 성기를 도려냅니다. 그러면 오줌 구멍, 즉 요도만 남지요. 그 요도에다 큰 거위 털을 박습니다. 이것이 오늘날로 치면 인공 요도가 되는 것입니다.

그렇게 해서 잠실로 보냅니다. 연세가 좀 있으신 분은 아실 테지만 누에를 치는 잠실이 따뜻합니다. 큰 수술을 한 사람은 몸에 찬 기운이 들어가면 죽기 때문에 따뜻한 곳으로 보내야 합니다. 그런데 죄인을 따뜻한 방에 모실 수는 없는 노릇이죠. 그래서 누에 치는 곳으로 보내 몸을 추스르게 했던 겁니다. 오줌이 나오면 수술에 성공한 것이고, 오줌이 나오지 않으면 요독증에 걸려 죽습니다. 그렇게 한 달에서 반 년 정도 몸을 추스르게 한 뒤 풀어 줍니다. 그러므로 옛날 기록에 "잠실로 내려보냈다. 잠실로 쫓아 보냈다. 잠실로 내쳤다."라는 문장은 누에 치러 보냈다는 뜻이 아니라, 궁형을 당했다는 사실을 은유적으로 표현한 것입니다.

죽음에 관한 수수께끼

쉰 살에 옥에서 풀려난 사마천은 5~6년 정도 더 심혈을 기울여 『사기』를 완성합니다. 그것이 오늘날 우리가 보는 『사기』입니다. 사마천은 쉰다섯에서 쉰여섯 즈음에 세상을 떠난 것으로 추정됩니다. 아직까지 정설은 없습니다. 최근에는 예순이 넘어 사망했을 것이라는 학설이 나왔습니다. 『사기』를 보니 그 이후의 내용이 나오더라는 것이지요. 즉 쉰여섯 살 이후의 내용이 나오는 것으로 보아 사마천이 『사기』를 수정했을 것으로 추정하고 있습니다. 대체로 쉰여섯에서 예순 사이에 세상을 떠난 것으로 생각하면 되겠습니다.

사마천이 예순이나 예순한 살쯤 됐을 때 무제가 죽습니다. 사마천은 무제와 영욕의 세월을 함께 보냈습니다. 재미있고 아이러니하지요. 궁형을 내린 사람도 무제이고, 사마천에게 다시 중서령中書令이라는 벼슬을 내린 사람도 무제입니다. 중서령은 황제 옆에서 심부름을 하는 벼슬입니다. 궁형을 당한 이후에 무제는 사마천을 곁에 둡니다. 사마천은 죽기보다 싫었겠지요. 그런데 왜 그 벼슬을 받아들였을까요? 『사기』를 완성하려면 도서관을 이용해야 했기 때문입니다.

처음에 『사기』는 관찬 사서로 출발했습니다. 정부의 지원을 받아 공식 역사서로 출발했다가 궁형 이후 개인이 쓴 사찬 사서로 바뀝니다. 한 사람의 손으로 이루어진 전무후무한 3천 년 통사가 『사기』입니다. 참 사연이 많은 책이지요.

여러분 중에는 이런 의문을 갖고 계신 분도 있을 것입니다. 사마천이 정권에 비판적인 책을 쓰고 있다는 사실을 무제가 몰랐을까? 왜 사마천이 『사기』를 완성하도록 내버려 두었을까? 무제는 사마천이 『사기』를 집필하고 있다는 사실을 알고 있었습니다. 그런데 왜 내버려 두었을까요? 무제는 사마천을 굉장히 아꼈습니다. 사마천은 누가 뭐라 해도 당대 최고의 인재였습니다. 그래서 순시를 나갈 때마다 데리고 다녔던 것입니다. 그런데 바른말 좀 했다고 한순간에 괘씸죄에 걸렸지요. 사마천은 성기를 자르는 형벌을 자청했지요. 그러니까 그다음부터는 무제도 안타까운 것이지요.

무제에게 폭군적인 요소가 있긴 했습니다만 그것은 모

든 권력자에게 비슷하게 나타나는 것이고, 한 무제는 굉장히 개방적이었습니다. 그래서 동방삭東方朔 같은 기인이 살 수 있었던 것입니다. 동방삭은 '삼천갑자 동방삭'의 그 동방삭입니다. 실존 인물이에요. 사마천과 동시대에 살았습니다. 동방삭은 굉장히 기이한 행동을 많이 했습니다. 상금을 받으면 시장에 나가 술을 마셔서 당일로 다 써 버리고, 한 여자를 1년 이상 데리고 산 적이 없었습니다. 그리고 대단히 학식이 높았어요. 동방삭은 한 무제에게 농담도 하고, 면전에서 황제를 비꼬기까지 했습니다. 그것이 용납되는 시대였습니다. 그 시기는 지금 우리가 생각하는 것과는 달리 굉장히 자유분방했습니다. 적어도 무제 시대의 전반적인 분위기는 사마천의 비판 정신을 충분히 수용할 만큼의 관용을 갖추고 있었습니다. 즉 리더가 그 정도로 넉넉한 품은 가지고 있던 시대였습니다.

사마천이 언제 어떻게 죽었는지는 확실히 밝혀지지 않았지만 저는 후손들이 믿고 있는 처형설에 점점 더 무게를 두게 됩니다. 『사기』를 완성한 뒤 '이제 나를 죽여라.'라는 마음으로 무제의 심기를 다시 건드린 것이지요. 원래는 사형수 신분이었잖아요. 그런데 『사기』를 완성하기 위해 궁형을 자청했어요. 그리고 이제 완성했단 말이지요. 그다음에는 다시 사형수 신분으로 돌아가는 것입니다. 그래야 모든 책임이 무제에게 떨어지잖아요. 무시무시한 일입니다. 이것이 사마천의 복수입니다. 아직까지는 가설이지만 『사기』에 나오는 복수관과 연계하면 그럴듯한 설이 만들어지지 않을까 싶습니다.

금기가 된 역사서

절대 역사서

한 인간이 그 시대를 돌파한다는 것은 굉장히 어려운 일입니다. 우리가 흔히 편한 대로 어떤 인물이나 그 인물이 남긴 책에 대해 변명할 때마다 '시대의 한계'라는 이야기를 많이 합니다. 그 시대에는 어쩔 수 없었다는 것이지요. 하지만 인간이 가지고 있는 가장 고귀하고 훌륭한 측면은 그런 한계를 돌파한다는 점입니다. 자신에게 주어진 조건과 환경, 제약을 돌파할 수 있느냐 없느냐에 따라 한 세상이 얼마나 나은 방향으로 진보하느냐 못 하느냐가 결정된단 말이지요. 많은 사람이 "그때 그렇게 하지 않았다면 지금 이렇게 잘살고 있겠느냐?"라고 이야기합니다. 만약 그때 다른 선택을 했다면 지금보다 훨씬 더 나았을 수 있다고는 생각을 안 합니다. 그래서 저는 시대의 한계, 시대의 제약과 같은 말들은 패배주의에 가깝다고 생각합니다. '훨씬 더 합리적이고, 훨씬 더 많은 사람이 공감할 수 있는 선택을 했더라면 어땠을까?'라는 질문들이 활발히 제기된다면 우리 사회가 좀 더 나은 쪽으로 진보할 거라고 봅니다.

사마천과 『사기』의 위대함 가운데 하나는 사마천이란 한 인간도 시대를 돌파한 위인이지만 책 역시 시대의 한계를 돌파했다는 점입니다. 거의 모든 한계를 돌파했다는 점에서 지금 우리가 봐도 찬사와 감탄을 금할 수 없는 인물과 책입니다. 사마천의 『사기』 이후 2천 년이 넘는 시간 동안 『사기』를 뛰어넘는 역사책이 나오지 않았다는 사실도 우리로 하여금 사마천의 삶과 『사기』의 값어치를 다시 한 번 되새기게 하는 요인입니다.

이제 『사기』가 어떤 책인지 본격적으로 살펴보겠습니다. 『사기』 이전에 나온 책으로는 『춘추』春秋, 『전국책』戰國策, 『국어』國語, 가보류家譜類가 있습니다. 가보라는 건 계보도를 이야기합니다. 유명한 권력자나 한 나라의 계보도를 말하는데, 우리나라의 족보와 비슷하다고 보시면 됩니다. 그다음에 여러분이 잘 아시는 『논어』, 『맹자』, 『중용』, 『대학』, 『순자』, 『한비자』, 유교에서 경전으로 추앙받는 『시경』, 『서경』, 『역경』 같은 책이 있습니다.

유형으로 분류하면 『춘추』가 연대순으로 정리된 편년사 책입니다. 『전국책』과 『국어』는 나라별로 나눈 국별사國別史이고, 가보는 족보입니다. 『논어』, 『맹자』, 『중용』, 『대학』, 『순자』, 『한비자』 같은 제자백가는 주로 한 분야의 전문가가 남긴 언행록입니다. 그래서 이것을 법가, 유가, 도가, 명가처럼 사상으로 분류하기도 합니다. 춘추 전국 시대에는 수많은 학자가 나왔기 때문에 이들을 존중하는 의미로 '제자백가'라 부르기도 하지요. 이들은 자신의 사상을 세상에 전파하기 위해 치열하게 노력했던 사람들입니다. 그래서 춘추 전국 시대를 '중국 사상의 황금기'라고 합니다.

사마천이 이러한 책들을 전부 참고하고 일일이 현장을 답사한 뒤, 여기에 금석문이나 고고학 발굴 자료 등을 종합해 만든 책이 『사기』입니다. 사마천이 『사기』를 쓴 목적 가운데 가장 중시한 것이 '성일가지언'成一家之言입니다. 일가의 말을 이루겠다는 뜻입니다. 그리고 사마천의 바람대로 『사기』가 나온 이후 사가史家, 역사학의 한 일가가 생깁니다. 유가, 도가, 묵가, 법가처럼 사가가 탄생했습니다. 사마천을 기점으로 진짜 중국 역사가 시작됐다는 이야기입니다. 이런 의미에서 『사기』는 이정표가 됩니다.

『사기』는 다섯 체제입니다. 본기 12권, 표 10권, 서 8권, 세가 30권, 열전 70권입니다. 그런데 저는 기존 학자들과 달리 열전을 69권으로 분류하고 130권 중 제일 마지막 편인 「태사공자서」를 별도로 분류해서 6체제라고 주장하고 있습니다. 제가 현재 『사기』 완역 작업을 진행하고 있는데 그 책에서는 이 「태사공자서」를 제일 앞에 두었습니다. 앞에서 언급한 것처럼 「태사공자서」는 서문이거든요. 앞에 와 있어야 할 서문이 제일 뒤에 가 있는 이유는 사마천의 겸손 때문입니다. 그래서 저는 오늘날에 맞게 맨 앞에 두었습니다. 나중에 제가 완역 작업을 끝마치면 마지막에 「태사공자서」를 한 번 더 집어넣을 생각입니다.

『사기』의 체제는 '원 포 올, 올 포 원'One for all, All for one입니다. 하나는 전체를 위해서, 전체는 하나를 위해서. 『삼총사』에 나오는 이 말이 『사기』에도 그대로 적용됩니다. 굉장히 독창적인 체제입니다. 조금 전에 말씀 드린 100종이 넘는 고문헌과 현장 경험 등을 종합해서 새로운 체제, 전혀 다른 구조로 만들어 냈습니다.

『사기』의 원래 이름은 '태사공서'였습니다. 태사공의 책이라는 뜻이지요. 여기에는 아버지에 대한 오마주도 들어 있습니다. 아버지 또한 태사공이었으니 아버지를 염두에 두고 '태사공서'라고 이름 붙이지 않았을까 추측합니다. 그러다가 세월이 지나면서 '사기'라는 이름으로 바뀌었고, 오늘날 『사기』로 정착된 것입니다.

대세를 쥐고 흔든 이들의 기록

'본기'本紀부터 살펴보겠습니다. 본기는 기본적으로 제왕들의 기록이라는 데 이견이 없습니다. 그런데 여기서 여러분이 한 가지 알고 넘어가야 할 부분이 있습니다. 사마천이 틀을 만들긴 했어요. 본기, 표, 서, 세가, 열전 모두 사마천이 붙인 이름입니다. 틀을 만들긴 했지만 사마천은 그 틀에 매이지 않았습니다. 본기에는 꼭 황제만 들어가야 한다고 규정하지 않았습니다. 단 한 번도요. 중요한 사실입니다. 반고의 『한서』부터 읽고 나중에 『사기』를 읽은 사람들이 멋대로 '본기는 기본적으로 제왕들의 기록이다.', '세가는 제후들의 기록이다.'라고 규정해 버렸습니다. 그러나 『사기』의 본기에는 제왕이 아닌 사람도 들어가 있단 말이지요.

사마천은 틀을 짜 놓았을 뿐이지 그 틀에 매여서 '나는 절대로 여기서 빠져나가지 않겠다.'고 생각해 본 적이 없는 사람입니다. 사마천에게 그 틀은 절대적인 틀이 아닌 것이지요. 본기는 대체로 제왕들의 기록이라고 볼 수 있지만 사마천은 천하대세를 주도한 사람이라면 누구나 포함시켰습니다.

그래서 누가 들어갑니까? 항우가 들어갑니다. 항우가 한때 천하를 호령했거든요. 천하의 대세를 쥐고 제후들에게 나라를 다 나누어 주었습니다. 이때 한중漢中 지역을 받아 한 중왕이 된 이가 유방입니다. 유방은 왕에 불과했습니다. 그러니 천하대세를 누가 쥐고 흔든 겁니까? 항우였지요. 그래서 항우를 본기에 편입시켰습니다.

그다음에 누구를 집어넣었지요? 놀랍게도 여태후呂太后입니다. 여태후 역시 왕이 된 적이 없지요. 그런데 유방이 죽고 난 뒤 천하의 모든 권력이 어디서부터 나옵니까? 여태후에게서 나옵니다. 그래서 과감하게 여태후를 본기에 넣었습니다. 이 때문에 2천 년 동안 엄청난 비난을 받았습니다. 제왕이 아닌 사람을 본기에 넣었다는 것은 표면적인 이유일 뿐, 실질적으로는 정통주의에 매몰된 유가 보수주의자들이 여자를 본기에 집어넣었다고 비난했던 것이지요.

얼마나 파격적입니까? 이런 것이 파격이지요. 내용 자체가 파격적이어야 파격이지, 형식만 깼다고 파격이 되는 것은 아닙니다. 내용이 형식을 깨고 나와야, 그 내용이 다른 기본적인 내용을 깰 줄 알아야 파격이 되는 것입니다. 틀만 깨고 내용은 옛날보다 못한 것으로 채워져 있다면 그것은 파격이 아닙니다. 옷을 벗어도 메시지가 있어야 파격이지요. 아무 데나 가서 옷을 벗는 것은 파격이 아니잖아요. 예술로 승화될 수 있느냐 없느냐는 보면 알 수 있습니다. 외설과 예술은 사람들에게 감동과 메시지를 전달하느냐의 여부에 따라 판가름 납니다.

기본적으로 공간의 큰 틀 속에서 시간을 관통하며 인간의 작용을 중시하되 자료의 한계를 돌파할 수 있었던 데에는 지금 말씀 드린 바와 같이 천하대세의 주도권을 누가 행사했느냐에 따라 누구든 본기에 들어갈 수 있다는 사마천 나름의 인간관이 확고하게 자리 잡고 있었기 때문입니다. 그래서 저는 본기를 '원칙과 파격의 조화'라고 정리합니다.

하나는 전체를 위하여, 전체는 하나를 위하여

시간과 공간을 결합한 것이 '표'表입니다. 사마천이 연표

天官書第五　史記二十七

中宮天極星，其一明者，太一常居也。旁三星三公。

三代世表第一　史記十三

「삼대세표」(三代世表)와 「천관서」(天官書) 판본.
연, 월, 일 단위로 사건을 분류해 기록한 것이 표고,
제도와 문물에 관한 기록이 서다.

를 만들었는데 이 연표가 기가 막힙니다. 상고 시대 연표는 1년 단위로도 고증이 안 되잖아요. 그래서 표임에도 큰 사건 위주로 기록했습니다. 연 단위로 기록한 연표, 월 단위로 기록한 월표, 일 단위로 기록한 표도 나옵니다. 사마천은 이렇게 기록할 사안이 있으면 연, 월, 일로 나누어 표를 구분했습니다.

이런 분류를 통해 여러 나라의 사건들이 한눈에 보이도록 만들었습니다. 그리고 다른 부분에서 언급되지 않았던 사람들의 행적을 사이사이에 넣습니다. 누가 죽었고, 어떤 큰 사건이 하나 일어났다는 식으로요. 사건과 시간을 결합하여 표로 만든 것입니다.

때로는 글자를 뒤집어 그 사건의 중요성을 표현했습니다. 오늘날 우리가 중요한 대목에 형광펜으로 밑줄을 긋고, 포스트잇을 붙이듯이 2천 년도 더 전에 이미 사마천은 그렇게 한 것이지요. 얼마나 대단한 사람이에요. 그래서 한양대학교 이인호 교수는 이 표를 "엑셀 프로그램이다."라고 이야기했습니다. 가장 적절한 비유 같아요.

앞에서 설명한 본기는 옛날에 이미 비슷한 틀을 가진 기록들이 남아 있었기 때문에 이름이나 형식을 따온 것으로 보고 있습니다. 그런데 표는 없었습니다. 표는 사마천이 자신이 가진 자료와 사고를 종합해서 만들어 낸 사마천만의 창작품입니다. 사마천은 어떻게 이런 생각을 했을까요? 태사령이란 벼슬은 천문학도 관장했습니다. 그래서 사마천이 뛰어났던 분야 가운데 하나가 천문학입니다. 기상 관측부터 해와 달의 움직임, 사시사철의 변화 등을 살펴 태초력이란 달력을 만드는 데 힘을 보탰지요. 저는 이 경험이 표를 만드는 데 결정적인 작용을 하지 않았을까 짐작합니다.

여기에 더해 사마천은 나라를 움직이는 것은 꼭 인간만이 아니라 그 인간이 만든 시스템이라는 데까지 생각이 미칩니다. 사마천은 어떤 시스템이 인간 생활에 어떤 영향을 미치는지를 탐구했고, 이것은 제도와 문물에 대한 통찰로 나타나 여덟 권의 '서'書를 이루었습니다. 국가의 가장 큰 사업이었던 치수 사업에 관한 기록인 「하거서」河渠書를 비롯해 제사에 대한 기록인 「봉선서」封禪書, 군사에 대한 기록인 「율서」律書 그리고 전문적인 경제 이론이 담긴 「평준서」平準書라는 기록도 있습니다.

여덟 편의 서는 『사기』의 다섯 체제 중에서 가장 어려운 부분입니다. 나라를 움직이는 제도와 문물에 관한 전문적인 논문에 가까워 보통 사람들은 읽기 어려우므로 제 설명도 이 정도에서 마치겠습니다.

내가 없으면 왕도 없다

북극성을 중심으로 뭇별들이 돌 듯, 천하의 대세를 주도한 본기 속 인물들 주변으로 그들을 돕는 유력한 지배 계층이 존재했습니다. 그리고 이 주변 인물들에 대한 이야기가 '세가'世家에 나옵니다. 왕조 체제였기 때문에 제왕 혹은 천하의 권력을 휘두른 사람이 있고, 그 주변에 이 사람을 보필하는 다른 지배 계층이 있기 마련이지요. 이들을 뭇별에 비유했습니다.

이 세가 또한 2천 년 동안 사마천이 비난을 받는 데 큰 역할을 한 기록입니다. 정통주의와 관념론에 매몰된 사람들이 "들어가면 안 되는 사람이 들어갔다. 사마천은 이게 문제다."라며 비판합니다.

그 가운데 대표적인 인물이 공자입니다. 여러분 중에는 '공자가 설마…….'라고 생각하는 분이 계실 겁니다. 후대 사람들은 이 세가를 제후 혹은 귀족의 기록이라고 못 박았습니다. 본기를 설명할 때 말씀 드렸듯이 사마천은 본기, 표, 서, 세가, 열전이라는 체제를 만들어 놓고 "여기에는 누가 들어가야 한다. 누가 들어가면 안 된다."는 말을 한마디도 하지 않았습니다. 제약이나 한계를 두지 않았다고요. 그런데 후대 사람들이 마음대로 "너는 여기 들어오면 안 돼, 너는 잘못 들어왔어." 그러면서 세가를 귀족, 제후의 기록으로 한정시켜 버렸습니다. 자신들이 틀을 만들어 놓고 누가 자격이 있고 없는지 골라냈던 것입니다.

그런데 보니까 공자가 딱 걸려요. 공자는 제후보다 한 단계 아래이고 평민보다는 조금 위지만 당시에는 평민이나 마찬가지였던 사士 계급 출신이었습니다. 사마천이 왜 대체로 귀족이 들어가 있는 세가에 공자를 집어넣었을까요? 공자가 남긴 문화 집대성의 공적을 높이 평가했기 때문입니다. 사마천이 살아생전에 가장 닮고 싶어 했던 사람이 공자입니다. 공자는 오랫동안 천하를 떠돌았습니다. 자신의 정치적 이상을 실현하기 위해 10년이 넘는 기간 동안 천하를 돌아다녔지요. 그러나 결국 아무것도 실현하지 못하고 고향으로 돌아와 수많은 제자를 길러 냅니다.

그러고는 뭘 합니까? 옛날부터 이어져 온 모든 문화를 정리합니다. 『춘추』를 정리하고, 『주역』에 주석을 달았지요. 공자는 만년에 『주역』을 굉장히 많이 읽었습니다. 『주역』을 너무 많이 읽어서 생겨난 유명한 고사성어도 있지요. '위편삼절'韋編三絶. 책을 꿴 가죽끈이 세 번 끊어졌다는 뜻입니다. 이때 책은 종이가 아니라 죽간이나 목간으로 만든 책입니다. 책을 자꾸 넘기고, 넘기다 보니 목간을 꿰어 놓았던 가죽 노끈이 닳아서 다 끊어졌어요. 이게 세 번 끊어졌다는 것이지요. 이 위편삼절의 고사성어를 탄생시킨 책이 『주역』입니다. 사마천은 이런 공자의 업적을 높이 평가했기 때문에 공자를 세가에 편입시켰습니다.

사마천 사당에 가면 들어가는 길 중간에 패방이 하나 서 있고, 그곳에 '고산앙지'高山仰止라는 네 글자가 붙어 있습니다. 높은 산을 우러러본다는 뜻입니다. 사마천이 『시경』의 한 구절을 빌려 와 공자를 찬양한 것입니다. 사마천은 공자의 고향을 일일이 다 탐방했습니다. 그리고 이 경험을 바탕으로 「공자세가」孔子世家에 공자에 관한 기록을 상세히 남깁니다.

정통주의에 매몰된 후대 학자들은 사마천이 공자를 세가에 편입한 것까지는 격은 맞지 않지만 봐줄 수는 있다는 정도의 입장이었습니다. 그들 대부분이 유학자였으므로 공자가 세가에 들어간 것까지는 어느 정도 수용했습니다. 그런데 이 사람을 세가에 집어넣음으로써 사마천은 어마어마한 비난을 받습니다. 그게 누굴까요? 바로 진섭陳涉입니다.

진섭은 자가 승勝입니다. 진승陳勝이라고 더 많이 알려져 있지요. 이 진섭이 누구냐? 진나라 말기에 일어난 농민 봉기군의 우두머리였습니다. 이 사람은 공자와 같은 '사'도 아닙니다. 그냥 고용된 노동자입니다. 농민보다도 한 단계 아래 계급이었습니다. 이 사람은 진나라의 폭정에 항거하는 농민 봉기군을 이끌어 진나라를 무너뜨리는 데 결정적인 역할을 합니다. 진승이 농민 봉기를 일으키며 남긴 유명한 말이 '왕후장상영유종호'王侯將相寧有種乎입니다. 왕후장상의 씨가 따로 있느냐. 이 말이 나중에 고려 시대 우리나라에서도 쓰입니다. 최충헌 집안에 있던 노비 만적이 반란을 일으키며 노비들 앞에서 "왕후장상의 씨가 따로 있느냐."라고 이야기하잖아요. 큰 뜻을 품은 진승의 말을 사람들이 이해하지 못하자 진승은 또 이런 말을 남깁니다. "참새가 봉황의 뜻을 어찌 알리오." 이 말도 진승의 입에서 나왔습니다. 이러한 진승을 세가에 편입시키면서 사마천은 2천 년 동안 비난을 받았습니다. 사마천도 사마천이지만『사기』또한 순탄치 않은 세월을 보내며 지금까지 견뎌 오고 있습니다.

보통 사람들의 이야기

'열전'列傳은『사기』에서 가장 중요하고, 가장 화려하며, 가장 많은 비중을 차지하는 부분입니다. 사마천은 직접 현장을 찾아다니며 역사를 움직이는 원동력과 주체는 수많은 보통 사람이라는 것을 확인합니다. 이것이 다른 역사학자와 확연히 구별되는 점입니다. 역사 기록은 거의 대부분 지배 계층 위주로 작성됩니다. 사마천은 절반이 넘는 분량을 수많은 보통 사람의 특별한 기록으로 남겼습니다. 열전에는 별의별 사람이 다 나옵니다. 사마천은 이런 인간의 중요한 행적들을 열전으로 남김으로써 역사의 주체가 인간이라는 사실을 뼈저리게 인식하도록 만듭니다.

열전은 『사기』 130권 가운데 70권을 차지합니다. 「태사공자서」를 빼면 69권입니다. 여기에는 고지식하고 기득권에 안주하는 극우 보수주의자들에게 비난받을 요소가 넘쳐 납니다. 앞서 말씀 드린 유협이 들어가 있지요. 자객, 점쟁이, 동성애자, 코미디언에 대한 기록도 있습니다.

가장 많은 비난을 받은 기록은 『사기』의 실질적인 마지막 권인 「화식열전」貨殖列傳입니다. 『사기』는 「오제본기」로 시작합니다. 『사기』 130권의 편제를 가만히 보면 '천재도 이런 천재가 없다. 어떻게 이렇게 편제할 수 있을까?'라는 생각을 지울 수가 없습니다. 「오제본기」는 뭐예요? 철저하게 유심주의唯心主義적인 기록입니다. 우리가 이상적으로 꿈꾸는 전설 속 제왕들에 관한 기록이에요. 요임금, 순임금이 나온단 말이지요. 중국뿐 아니라 동양에서 가장 이상적인 리더로 추앙받는, 현실에서는 존재하기 어려운 이상에 관한 이야기입니다. 제일 마지막 「화식열전」은 돈 이야기입니다. 부자들 이야기예요. 자기만의 꾀를 써서 갖은 방법으로 돈을 벌어 그 돈으로 제왕 못지않게 떵떵거리며 살았던 부자들에 관한 이야기입니다. 첫 번째 권과 마지막 권이 절묘하게 대비를 이루면서 '사마천이 과연 어떤 의도를 가지고 이렇게 편제했을까?'라는 생각이 절로 나게 만드는 그런 기록입니다.

또 「오제본기」의 핵심 내용 가운데 '선양'禪讓이라는 것이 있습니다. 선양이란 임금이 자신의 아들에게 임금 자리를 물려주지 않고 능력 있는 사람에게 양보하는 것을 가리킵니다. 세가의 첫 번째 권은 「오태백세가」吳太伯世家인데 이 또한 형님이 막내 동생에게 임금 자리를 양보하는 내용입니다. 아버지가 막내를 예뻐하니까 형님 둘이 양보해요. 조선 시대 세종대왕 이야기의 선배 격 이야기입니다. 열전의 첫 번째 권은 뭔지 아세요? 「백이열전」伯夷列傳입니다. 백이와 숙제가 서로 임금 자리를 양보하는 내용입니다. 사람에 대한 기록인 본기, 세가, 열전의 시작에 모두 겸양과 양보에 관한 이야기를 배치했습니다. 기가 막히지요.

여기에는 '세상이 이랬으면 좋겠다.'라는 사마천의 생각과 희망이 깔려 있습니다. 옷 지을 때 안에 안감이라는 걸 집어넣잖아요. 이 안감은 옷을 돋보이게 하기도 하고 편안하게 만들어 주기도 합니다. 사마천의 『사기』에는 이렇게 안감처럼 드러나지 않는 곳에서 전체적인 틀을 잡아 주고 의미를 보완해 주는 내용이 많습니다. 이런 대목이 바로 그런 내용이지요. 본기, 세가, 열전의 첫 번째 권에 전부 양보에 관한 이야기를 넣음으로써 인간이 갖출 수 있는 미덕에 관한 메시지를 전달하는 겁니다. 직접 드러내지 않고 보일 듯 말 듯 은근하게요.

열전은 평범하지만 특별한 존재들에 관한 이야기입니다. 여러분은 모두 한 인간으로서 특별합니다. 사마천은 보통 사람의 눈에는 잘 보이지 않는 존재들도 일일이 다 눈여겨보았습니다.

정확한 통계는 아니지만 중국에서 출간된 어떤 책에 『사기』에 등장하는 사람들의 직업을 조사한 기록이 나와 있습니다. 몇 종이나 될까요? 1천 종이 넘더랍니다. 이 글을 읽고 저는 이해가 안 갔어요. '1천 종? 많은 것은 인정하겠는데 1천 종은 너무 많은 것 아닌가? 저자가 거짓말하는 것 아냐?' 이렇게 생각했습니다. 지금부터 여러분이 아는 직업을 하나씩 적어 보세요. 아마 100종을 적기 힘들 겁니다. 지금

전 세계에 직업이 몇 종류나 되는지 아세요? 『사기』가 나오고 2천 년이 지난 오늘날 우리나라가 아닌 전 세계에 있는 직업의 숫자가 약 2만 종이 넘습니다. 2천 년 전의 기록인 『사기』에 1천 종이 넘는 직업이 나온다는 것은 대단한 겁니다. 경험으로 알았든 기록을 통해 알았든 사마천이 취할 수 있었던 자료에 거의 모든 직업이 걸려들었다는 이야기지요. 다양한 인간 군상의 모습이 『사기』에 여러 형태로 등장하는 이유입니다.

열전의 가장 큰 특징은 단순하게 누굴 만나서 무엇을 나누고 어떻게 행동했는가가 아니라 사람과 사람 사이에서 미묘한 갈등이 일어나고, 그것이 어떻게 역사를 추동해 나가는 원동력으로 작용하는지를 보여 준다는 것입니다. 우리는 이것을 입체적이라고 이야기합니다. 인간의 모습 자체가 1차원의 선, 2차원의 면이 아니라 3차원의 생생한 입체로 나타나는 것입니다.

이상이 『사기』의 다섯 체제입니다.

친구에게 보낸 편지

사마천을 이야기할 때 빼놓을 수 없는 것이 바로 「보임안서」報任安書라는 편지입니다. 반고의 『한서』에 보면 「사마천열전」이 있습니다. 이 「사마천열전」은 『사기』 「태사공자서」를 그대로 옮겨 놓은 것에 불과합니다. 그런데 우리가 정말로 반고에게 감사해야 하는 부분은 『사기』에는 없는 이 편지 「보임안서」가 실려 있다는 것입니다. '보임안서'는 임안에게 보내는 답장이라는 뜻입니다.

사마천과 함께 조정에 들어왔던 입사 동기 임안이 태자 모반 사건에 연루되어 사형 선고를 받습니다. 옥에 갇힌 채 처형될 날만 기다리고 있었지요. 임안이 모반 사건에 연루되기 전에 사마천에게 편지를 보낸 적이 있습니다. 사마천은 궁형을 당한 뒤 굉장히 힘든 시간을 보내고 있었던지라 답장을 못하고 있다가 임안이 처형당한다는 이야기를 듣고는 그제야 붓을 들어 답장을 보냅니다. 그것이 「보임안서」입니다. 「보임안서」는 중국 역사상 최고의 명문입니다. 『고문관지』 古文觀止라고 혹시 들어 보셨나요? 중국의 유명한 문장들만 뽑아 놓은 책인데, 「보임안서」도 당연히 그 안에 실려 있습니다. 「보임안서」는 중국의 100대 문장에 들어가고, 10대 문장 가운데 하나로 꼽히기도 합니다. 저에겐 물론 1대 문장이지요.

꼭 한 번 읽어 보시기 바랍니다. 사마천의 삶과 정신세계, 자신이 궁형을 자청할 수밖에 없었던 이유 그리고 뭐니 뭐니 해도 사마천의 생사관이 감동적으로 기술돼 있습니다. 또한 이 글에는 우리가 잘 아는 유명한 고사성어가 많이 나옵니다. 여러분이 잘 아시는 '구우일모'九牛一毛라는 사자성어가 이 「보임안서」에 등장합니다.

사마천의 생사관은 참으로 처절하지만 오늘날의 우리에게 엄청난 감동을 선사합니다. "그러니 제가 법에 굴복하여 죽임을 당한다 해도, 아홉 마리 소에서 털 오라기 하나 없어지는 것과 같으니 땅강아지나 개미 같은 미물과 뭐가 다르겠습니까? 게다가 세상은 절개를 위하여 죽은 사람으로 대접하기는커녕 죄가 너무 커서 어쩔 수 없이 죽었다고 여길 것입니다. 왜 그렇겠습니까? 평소에 제가 해 놓은 것이 그렇기 때문입니다. 사람은 누구나 한 번 죽지만 어떤 죽음은 태산보다 무겁고 어떤 죽음은 새털보다 가볍습니다. 이는 죽음을 사용하는 방향이 다르기 때문입니다." 그리고 자신이 왜 구차하게 살아남아야 했는지를 절절하게 드러냅니다.

모든 사람은 한 번은 죽습니다. 하지만 어떤 사람의 죽음은 태산보다 무거운 평가를 받고, 어떤 사람의 죽음은 새털보다 가벼운 평가를 받습니다. 죽음을 사용하는 방향이 다르기 때문이라는 말은 어떻게 살았느냐가 죽음을 결정한다는 뜻입니다. 죽음을 사용하는 것이 뭡니까? 삶이지요. 우리는 죽음을 향해 갑니다. 사람은 어떤 형태로든 누구나 죽음으로 갑니다. 죽음을 사용한다는 것은 내가 지금 어떻게 살아가고 있는가에 대한 이야기입니다. 어떻게 사느냐가 결국은 태산보다 무거운 죽음으로 남을 것이냐, 새털보다 가벼운 죽음으로 남을 것이냐를 결정한다는 뜻입니다. 그래서 사마천은 자신이 해야 할 일이 무엇인가를 정확하게 알고, 해야 할 일을 해냄으로써 자신의 죽음에 대한 평가를 정당하게 받아 보겠다고 말하는 것입니다. 궁형을 자청해 가면서까지 『사기』를 완성할 수밖에 없었던 심경을, 사마천은 이렇게 표현했습니다.

사마천의 공부법

사마천은 『사기』를 쓰게 된 목적과 동기, 취지를 이렇게 이야기합니다. 첫째, '구천인지제'究天人之際. 하늘과 인간의 관계를 탐구한다는 뜻입니다. 굉장히 거창하게 들리지도 모르지만 쉽게 이야기하면 공간에 대해 연구한다는 말입니다. 하늘과 사람 사이에는 틈이 있잖아요. 위로는 하늘이 있고, 아래로는 땅과 사람이 있고, 그 사이에는 공간이 있지요. 이 공간에서 벌어지는 일을 탐구하겠다는 말입니다.

　　누가 뭐라 해도 역사는 시간과 공간의 학문입니다. 사마천은 이점을 정확하게 인식했습니다. 먼저 공간에 대한 부분을 사마천은 '구천인지제'라고 이야기했어요. 이때의 '천'은 대세를 가리킵니다. 사람이 살다 보면 어쩔 수 없는 부분들이 생깁니다. 불가항력적인 요소가 생겨요. 그것이 '천'입니다. 옛날 사람들은 하늘을 미신화했습니다. 천인감응天人感應이라고 해서 하늘과 인간이 감응해야 한다고 믿었습니다. 이게 미신이에요. 귀신을 믿는 것이 이겁니다. 그러나 사마천은 인간이 자신의 의지를 통해 바꿀 수 있는 부분이 분명히 있다고 생각했습니다. 따라서 불가항력적인 요소와 인간의 의지가 어떠한 관계에 놓여 있는지를 탐구했습니다. 사마천이 이야기하는 '천'은 유가의 신학적인 천인감응설에서 벗어난 지점에 놓여 있습니다. 그래서 저는 '천'을 인간의 작용을 염두에 둔 또 다른 차원의 '대세'라고 번역하는 편이 좀 더 정확하다고 봅니다.

　　인생을 살다 보면 내가 아무리 노력해도 안 되는 부분이 있고, 노력해서 바꿀 수 있는 부분이 있습니다. 『사기』에는 이런 천명관이 꽤 많이 나옵니다. 사마천은 「백이열전」에서 "하늘의 도라는 것이 옳은 것인가, 그른 것인가."라고 말하며 천명에 대한 의문을 제기합니다. 인간의 작용과 대세의 흐름에서 우리가 아무리 애를 써도 안 되는 부분과 노력으로 바꿀 수 있는 부분 간의 충돌은 자주 일어납니다.

당시 한나라에서는 동중서나 공안국 같은 사람들의 신학적인 해석이 주류를 이루고 있었습니다. 사마천은 여기에 반기를 들었습니다. 그러나 철저하고 완벽하게 그 부분을 깨지는 못했어요. 사마천도 한 인간의 행적을 추적하며 인간의 힘으로 바꿀 수 없는 부분이 있다는 것을 깨닫고는 간혹 좌절감을 느낍니다. 그러면 그 사람의 입을 빌려 탄식하거나 '태사공 왈'이란 형식을 통해 안타까움을 드러냈습니다. 그래서 혼란스러운 장면이 꽤 많이 등장합니다. 천명론을 받아들인 경우도 있고, 부정한 경우도 있어요. 약간 왔다 갔다 합니다. 하지만 저는 충분히 이해가 갑니다. 궁형을 당한 뒤의 전반적인 상황을 고려해 봤을 때 사마천의 정신 상태나 심리 상태에 대해 우리가 어느 정도 양해하고 들어가야 하지 않을까 생각합니다.

둘째, '통고금지변'通古今之變. 과거와 현재의 변화를 관통하겠다는 이야기입니다. 통찰하겠다는 것이지요. 과거와 현재라는 시간의 흐름 속에서 어떤 변화가 일어났는가를 통찰해 보겠다는 말입니다. 매일, 매 순간 세상은 변화하지요. 어제, 오늘 눈 뜰 때마다 모든 것이 변해 있습니다.

자, 이제 공간과 시간이 다 나왔습니다. 사마천은 역사학에서 중요한 두 가지 영역을 정확하게 꿰뚫어 보았습니다. 그럼 사마천의 최종 목적은 무엇이었을까요? '성일가지언' 成一家之言이었습니다. 사마천의 개인적인 바람이 여기서 나타납니다. 사마천은 일가의 말을 이루고 싶다는 꿈을 가지고 있었습니다. 아버지가 바랐던 것이 이것이었고, 시대가 부여한 소명도 바로 이것이었습니다. 『사기』를 남겨 '성일가지언'을 이루어야만 사마천이 궁형을 자청하고 살아남아야 했던 비통한 심경을 표현할 수 있었던 것입니다. 자칫하면 개인적인 원한으로 끝날 수도 있었습니다. 『사기』를 완성하지 못했거나 『사기』가 지금 우리가 보는 정도의 수준에 이르지 못했다면 사마천 개인의 한풀이로 끝났겠지요. 사마천은 깊이 있는 생각과 공부를 통해 개인적인 원한을 보편화, 객관화하는 데 성공합니다. 앞서 말씀 드린 것처럼 사마천을 시대의 한계와 제약을 깨뜨린 사람이라고 평하는 이유가 이겁니다.

또한 사마천은 '술왕사지래자'述往事知來者라는 말을 남깁니다. 지나간 일을 기술함으로써 장차 다가올 것을 안다는 뜻입니다. 역사의 작용 문제이지 점쟁이 이야기가 아닙니다. 실제로 역사라는 것이 뭡니까? 동어 반복이 이루어지는 경우가 많고 그 안에서 우리가 깨닫고 통찰하고 교훈을 얻는 부분이 많기 때문에 사마천은 지나간 과거를 통해 장차 다가올 미래를 어느 정도 예측할 수 있다고 확신했던 것입니다. 그렇다면 어떻게 그런 확신이 가능했을까요? 역사를 움직이는 주체는 인간이라는 확고한 믿음이 있었기 때문입니다.

금기가 된 역사서

사후 세계를 장식하다

『사기』가 가진 놀라운 파급력을 살펴보겠습니다. 『사기』는 2천 년이 넘는 시간 동안 시대와 사람, 문화 등 모든 방면에 영향을 미쳤습니다. 이미 충분히 아셨겠지만 『사기』는 처절한 역사서입니다. 그런데 이런 처절함과 분노, 슬픔, 아픔이 담긴 역사서가 어떻게 수많은 사람의 마음을 사로잡고 그들에게 영감을 주었을까요?

사마천은 마흔일곱 살 때 이릉을 변호하다 옥에 갇힙니다. 3년 동안 옥에 갇혀 아무것도 못하는 상황에 처하게 되지요. 그러니 어떻게 됩니까? 이 3년 동안 머릿속에서 끊임없이 자신이 구상해 왔던 내용을 요즘 말로 하면 시뮬레이션 하는 거지요. 당시 감옥에서 필기도구가 주어졌는지는 정확히 알 수 없지만 사마천이 남긴 자서전이나 친구 임안에게 보낸 편지를 보면 글을 쓸 만한 것은 어떤 것도 용납되지 않았던 것 같습니다. 옥리만 생각하면 등에서 저절로 식은땀이 흘렀다는 대목을 보면 고문을 당했던 것 같고요. 그러니 머릿속으로 자신이 지금까지 정리해 온 것을 시뮬레이션 할 수밖에 없었던 것이지요. 그래서 저는 52만 6,500자가 사마천의 머릿속에 다 들어 있었을 것이라고 생각합니다.

이렇게 이야기하면 "52만 자를 어떻게 외워요?" 하시겠지요. 옛날에는 사서삼경四書三經 몇 십만 자 외우는 사람이 적지 않았습니다. 사마천은 지금까지 자신이 준비한 내용을 어떻게 편집하느냐가 가장 큰 관심사였을 겁니다. 그래서 나온 것이 압축입니다. 앞에서 말씀 드린 것처럼 압축할 수밖에 없는 상황이었습니다. 그리고 압축할 수밖에 없었던 또 다른 이유는 자기가 하고자 하는 표현들을 직설적으로 하지 못하는 아픔이 있었던 것이지요. 권력자를 비판해야겠는데 대놓고 "야, 이 나쁜 놈아."라고 할 수는 없단 말이지요. 나쁜 놈은 나쁜 놈인데 면전에서 나쁜 놈이라고 말 못하는 상황이에요. 그러니까 그 비슷한 이야기를 다른 쪽에 하거나 다른 표현으로 완곡하게 할 수밖에 없었던 겁니다. 이런 이중의 고통이 있었습니다.

감옥에서 풀려나온 뒤 『사기』를 완성하면서 사마천은 "두 부를 만들어 하나는 산속에 감추어 두고 하나는 공개한다."라고 말했습니다. 이것은 만에 하나 『사기』가 권력자의 심기를 건드려 불태워질 경우, 또는 전부 폐기될 경우를 대비한 것입니다. 『사기』를 완성하려고 죽음보다도 치욕스러운 궁형을 견뎌 냈는데 이 책이 한순간에 사라진다면 이보다 끔찍한 일은 없겠지요. 그래서 두 부를 써서 한 부만 공개합니다. 공개되고 난 이후 바로 판금당합니다. 그러다 외손자 양운楊惲이 선제宣帝라는 황제에게 허락을 받고 『사기』를 세상에 내보냅니다. 이때가 사마천 사후 50년 만이었습니다. 이 책이 얼마나 대단했느냐 하면 세상에 나온 지 50년 후, 즉 사마천 사후 1세기 만에 모든 식자층을 완전히 매료시킵니다.

사마천이 죽고 난 뒤 얼마 안 있어 한나라 내부에서 경제 정책을 종합적으로 비판, 정리하는 염철 논쟁이 벌어집니다. 옛날에는 소금과 철이 전매품이었어요. 요즘으로 치면 술과 담배, 인삼을 생각하면 됩니다. 국가가 소금과 철을 통해 막대한 수익을 얻었단 말이지요. 염철로 대변되는 이 국가 통제 경제 정책이 제대로 된 것이냐 아니냐를 두고 조정에서 신랄한 비판이 오갑니다. 이것이 중국 경제사에서 중요한 역할을 차지하는 염철 논쟁입니다.

『염철론』鹽鐵論이라는 책을 보면 당시 경제 정책을 개방으로 할 것이냐, 통제로 할 것이냐를 두고 경제학자뿐 아니라 다양한 분야의 학자와 관료들이 치열한 논쟁을 벌입니다. 이때 사마천은 사마자司馬子라는 존칭으로 불립니다. 그리고 사마천이 제기했던 경제론에 대해 상당히 호의적인 평가를 내립니다. 『사기』에 「화식열전」과 「평준서」라는 전문적인 경제서 두 편이 있다고 말씀 드렸지요. 이것이 사마천에 대한 첫 평가입니다.

사마천과 『사기』 전체에 대한 평가는 사후 1세기가 되면서 모든 식자층, 귀족층을 사로잡았다는 점으로 미루어 짐작할 수 있습니다. 옛날에는 사람이 죽으면 풍장이나 노천장, 새에게 뜯어 먹히도록 하는 조장을 지냈습니다. 그러다가 매장을 하지요. 땅을 파고 흙을 다져 시체를 넣는 가장 간편한 형태에서 관을 쓰는 방식으로 나아가고, 여기서 점점 더 시간이 흐르면 나무관에서 돌관 그리고 조금 더 지나면 무덤 구조 자체를 호화롭게 만드는 방식으로 발전합니다.

한나라 후기로 넘어가면 귀족들이 벽돌로 무덤을 만들었습니다. 공주에 가면 볼 수 있는 무령왕릉을 떠올리면 됩니다. 이렇게 벽돌로 만든 무덤을 전축분博築墳이라고 부릅니다. 벽돌로 무덤 천장을 만들고, 돔을 씌우고, 들어가는 바닥과 벽에도 전부 벽돌을 깔고 붙입니다. 그러고는 가운데에 시체를 둡니다. 그런데 이때 그냥 벽돌이 아니라 그림을 그려 장식한 벽돌을 붙입니다. 이런 벽돌 그림을 화상전畵像磚이라고 부릅니다. 사마천이 세상을 떠나고 1세기 후에 귀족들이 무덤을 전부 화상전으로 장식하는데 놀랍게도 『사기』에 나오는 고사가 그림 소재로 등장합니다. 당시 『사기』의 영향력이 얼마나 컸는지를 가늠할 수 있지요.

화상전에는 형가가 진시황을 암살하려 하는 장면도 있고, 안영晏嬰이라는 제나라의 명재상이 권력을 마구 휘두르던 난폭한 장수 세 명을 복숭아 두 개로 죽였다는 '이도살삼사'二桃殺三士 고사 또한 묘사돼 있습니다. 제나라의 재상 중 유명한 사람을 고르라면 관포지교의 주인공 관중과 이 안영을 꼽습니다. 안자晏子라고도 부르지요. 중국 역사상 훌륭한 재상 계보에서 절대 빠지지 않는 인물입니다. 『사기』「관안열전」管晏列傳에서 관중과 안자를 다룹니다.

안영이 꾀를 내어 임금의 총애만 믿고 설치던 세 명의

흙으로 만든 벽돌의 표면에 그림을 찍거나 그린 것을 화상전이라
한다. 사마천이 세상을 떠난 지 1세기 후 귀족들의 무덤에
화상전을 장식하는데 놀랍게도 『사기』에 나오는 고사가 그림의
소재로 이용된다. 위는 '이도살삼사' 고사를 묘사한 화상전이며,
아래는 제 환공과 말몰이꾼의 고사를 묘사한 그림이다.

무장을 제거합니다. 제나라 왕실 뒤에는 굉장히 맛있는 복숭아나무가 있었습니다. 마침 외국에서 사신이 오자 이 맛난 복숭아를 따서 외국 사신들에게 대접했어요. 다 대접하고 나니 두 개가 남았습니다. 복숭아 두 개를 보고 안영이 '이참에 임금을 믿고 설치는 저 세 놈을 어떻게 좀 해 보자.'라고 생각합니다. 그래서 임금에게 "세 사람의 장수 중 누가 더 큰 공을 세웠는지 각자 자랑하여 가장 잘난 사람에게 복숭아를 하나씩 주도록 합시다."라고 제안합니다.

첫 번째 장수가 나와 내가 왕을 구하고 어쩌고저쩌고해서 가장 큰 공을 세웠다고 자랑합니다. 이 말을 듣고는 안영이 첫 번째 장수에게 복숭아를 줍니다. 두 번째 장수가 나도 어쩌고저쩌고해서 공을 세웠다고 자랑하니까 그 장수에게도 복숭아를 주지요. 이렇게 되니까 세 번째 장수가 복숭아를 못 먹지요. 그러자 세 번째 장수가 "아무리 생각해도 내가 앞의 두 놈보다 훨씬 나은데 왜 복숭아를 못 먹어야 되느냐. 나는 부끄러워서 못 살겠다." 그러고는 자살해 버립니다. 그랬더니 나머지 두 사람이 "우리가 평소에 생사를 함께하기로 한 의형제인데 형제가 죽었으니 살 수 있겠느냐?"라며 자살해 버려요. 복숭아 두 개로 힘만 믿고 설치던 세 장수를 죽였다는 이 이도살삼사 고사가 벽돌 그림으로 남아 있습니다.

여러분은 뭐 그런 걸 가지고 죽기까지 하냐고 생각하시지요? 춘추 전국 시대나 사마천 당대까지만 해도 생사관이 지금과 상당히 달랐습니다. 특히 자존심을 건드리면 가만있지 않았어요. 자존심이 상하면 자살하는 게 보편화돼 있었습니다. 안영은 이런 습속을 잘 이용한 것이고, 이 이야기가 유명한 고사로 남아 벽돌 그림으로도 전해진 것입니다. 벽돌 그림은 이 밖에도 많습니다. 장군과 재상의 화합 및 우정 이야기를 전하는 '문경지교'刎頸之交의 주인공 인상여藺相如도 있고, 춘추 시대 최초의 패자 제나라 환공桓公도 있습니다.

역사서의 기준을 제시하다

『사기』가 중국 정사에 미친 영향에 대해선 계속 말씀을 드렸습니다. "『사기』 이후 나타난 24사 내지 25사가 모두 기전체다. 사마천의 영향을 받았다. 체제는 본받았을지 모르지만 정신은 후퇴했다." 이런 말씀을 드렸습니다. 사관은 어떤 면에선 사마천을 정점으로 뒤로 퇴보하고 있습니다. 그런 점은 참 아쉽지요. 역사가 꼭 앞으로 진보하지만은 않습니다.

가만히 보면 물질문명도 진보와 퇴보를 반복합니다. 우리가 사용하는 일회용 컵이나 페트병을 땅에 묻으면 썩는 데

500년이 걸린다고 합니다. 여기에서 발암 물질도 나오고, 환경 호르몬도 나오는데 이런 것은 퇴보에 속합니다. 인간은 일찍이 플라스틱보다 훨씬 좋은 용기를 발명했습니다. 특히 중국과 우리나라는 그릇 용기를 꽤 많이 사용했는데 2,500년 동안 썩지 않는 용기, 친환경적인 용기가 있었습니다. 그게 뭘까요? 칠기예요. 옻칠해서 사용한 칠기. 지금도 중국 박물관에 가 보면 춘추 시대 후기, 전국 시대 때 사용된 칠기가 멀쩡하게 전시되어 있습니다. 지금 거기다 술을 받아 마셔도 될 만큼 멀쩡합니다.

이런 과학 기술을 발전시키지 못하고 편의만 추구하다 보니 페트병 같은 용기가 나온 겁니다. 이것이 나중에 인간에게 어떤 재앙으로 돌아올지는 알 수 없습니다. 어떻게 보면 인간의 의식은 아직까지 덜 진보한 것 같습니다. 지식은 해방됐는지 모르지만 지혜의 차원은 아직 멀었다는 생각을 많이 합니다.

『사기』가 24사에 미친 영향은 절대적입니다. 특히 체제라는 면에서 그렇습니다. 중국의 역사서 가운데 기전체를 대표하는 것은 『사기』지요. 그리고 편년체를 대표하는 역사서는 사마천 이전에 『춘추』가 있었고, 사마천 이후에는 『자치통감』이 있습니다. 『자치통감』은 전국 시대부터 송나라 직전에 존재했던 나라까지, 1천 년이 넘는 긴 세월을 다루고 있는 방대한 편년체 통사입니다. 이걸 누가 썼나요? 사마광이라는 사람이 주도했습니다. 그래서 양사마라고 이야기합니다. 두 명의 사마 씨가 지은 『사기』와 『자치통감』이 늘 비교되며 서로 영향을 주고받았습니다.

이 두 책은 전혀 다른 풍토에서 탄생해 상반된 시각을 대변합니다. 하나는 진보를 대변하고, 하나는 보수를 대변합니다. 사마천은 죽음보다 더한 고통 속에서 『사기』를 완성했고, 사마광은 황실의 전폭적인 지원을 받아가며 『자치통감』을 저술했습니다. 제왕의 입장에서 쓴 책이 『자치통감』이고, 민중의 입장에서 쓴 책이 『사기』입니다.

사마광은 『사기』에 많은 영향을 받습니다. 전국 시대 이후의 기록은 거의 대부분 『사기』를 참고할 수밖에 없는 상황이었지만 사관이라는 면에서는 확실하게 달라졌습니다. 사마광이 역사책을 쓰던 때가 중국의 역사관이나 역사서 서술이 가장 보수화된 시점이었습니다. 이처럼 두 역사책의 영향과 차이점도 눈여겨볼 만합니다.

중국 사람들이 자국의 역사책을 추천할 때는 꼭 『사기』나 『자치통감』을 꼽습니다. 두 역사책이 그만큼 성격이 다르기 때문이지요. 『자치통감』은 『사기』보다 사건들을 상세하게 기록하고 있습니다. 따라서 역사 자료라는 면에서는 『자치통감』의 가치가 대단히 큽니다.

지식인의 해방구

『사기』의 영향력은 원나라 때 절정에 달합니다. 이것도 참 아이러니합니다. 왜 원나라 때 『사기』의 영향력이 극대화될까요. 원나라는 누가 세운 나라입니까? 몽골족이 세웠지요. 앞에서 사마천 무덤을 누가 새로 단장해 주었다고 했지요? 원나라 세조 쿠빌라이였습니다. 그리고 현재 사마천 사당과 무덤에 남아 있는 건축물은 전부 청나라 때의 것들입니다. 만주족이 지어 준 것이지요.

왜 한족이 아닌 이민족들이 이처럼 사마천의 무덤을 단장하고 사당을 지어 준 것일까요? 콤플렉스가 없어서 그렇습니다. 원나라 몽골족이 한족을 통치하며 보니 사마천이라는 사람이 한족 역사학자 중에서 굉장히 훌륭한 인물이란 말이지요. 한족 정권들은 황제에 대한 비판적인 내용이 많다는 이유로 사마천과 『사기』를 껄끄럽게 여겼어요. 그래서 손을 안 써 주었던 것입니다. 무덤도 보살피지 않고, 사당도 제대로 관리하지 않았습니다. 그런데 몽골족 입장에서는 그런 것이 없잖아요. 야만족이라고 해서 무시하면 안 됩니다. 몽골족은 대단히 개방적인 민족이었고 만주족도 마찬가지였습니다. 인재부터 한족의 모든 것을 수용했습니다.

몽골족이 보기엔 사마천이 아주 훌륭한 역사학자인데 무덤이 엉망으로 간수되고 있어요. 그래서 무덤을 보수해 줍니다. 다만 원나라의 성격이 들어갔어요. 사마천 무덤의 형태가 꼭 몽골족 텐트처럼 생겼습니다. 파오 혹은 게르라고 하지요. 이것이 문화의 독특한 매력이기도 하고, 역사를 공부하는 사람들의 흥미를 끄는 요인이기도 합니다. 작용과 반작용의 문제라든지 민족 간의 갈등 내지 차이점이 끊임없이 문화에 반영돼 나타나거든요.

우리나라 문화재를 가지고 설명을 하겠습니다. 부여에 가면 대표적인 절터가 하나 있습니다. 정림사지 아시지요? 백제를 대변하는 절터입니다. 정림사지에 가면 백제탑이라고 불리는 탑이 하나 있습니다. 바로 정림사지 오층석탑입니다. 우리나라 탑 중에서 가장 아름답고, 가장 정성을 많이 들인 탑입니다. 그런데 이 탑의 원형을 어디에 가면 볼 수 있을까요? 일본에 가야 볼 수 있습니다. 일본의 호류지法隆寺 아시지요? 옛날에 담징 스님께서 벽화를 그렸던 절. 그곳에 가면 볼 수 있습니다. 호류지 오층목탑은 우리 문화를 가져다 백제탑을 그대로 재현한 것입니다. 황룡사 구층목탑에서 볼 수 있듯이 원래 우리나라도 목조탑으로 시작했습니다. 백제도 마찬가지였지요. 그런데 우리나라에 있던 목탑들은 전란 탓에 다 없어졌습니다. 일본은 큰 전쟁을 겪지 않았기 때문에 목탑의 형태를 그대로 보존했습니다.

그럼 한반도에서는 무슨 일이 일어났을까요? 신라가 삼국을 통일한 뒤 백제와 고구려 지역에 있는 문화를 전부 말살시킵니다. 그리고 통일신라 시대에는 신라를 대변하는 삼층탑이 전국적으로 들어섭니다. 그러다가 고려 시대에 들어오면 왕건의 민족 화합 정책에 의해 백제 문화가 다시 살아납니다. 이때 전라도 지역에 가면 볼 수 있는 정림사지 오층석탑을 재현한 탑들이 나오는 겁니다. 담양과 강진에도 백제탑이 있고, 김제에 있는 귀신사라는 조그마한 절에도 백제탑이 있습니다. 이것이 다 고려 시대에 나타납니다. 문화의 생명력이란 이런 것입니다. 절대 죽지 않습니다. 문화는 DNA로 유전되어 이어집니다. 의식도 마찬가지입니다.

몽골족 입장에서는 거리낄 것이 없습니다. 그래서 사마천과 『사기』를 존중하고, 사마천의 무덤도 단장합니다. 더욱 중요한 건 원나라 때 과거 제도가 폐지됩니다. 그리고 한족이 엄청나게 괄시를 당합니다. 과거 제도는 귀족 신분이

부여에 있는 정림사지 오층석탑과 일본에 있는 호류지 오층목탑.
우리나라의 탑 형태를 그대로 재현해 놓았음을 알 수 있다.

아닌 한족 지식인이 출세할 수 있는 유일한 통로였습니다. 시험을 통해 공정한 경쟁을 거치는, 전 세계에서 가장 앞선 인재 선발 제도로, 7세기 수나라 때 만들어졌습니다. 유럽에서는 근대에 가야 비로소 관료 선발 시험이라는 것이 나옵니다.

이 과거 제도를 몽골이 폐지시켜 버립니다. 그러니까 지식인들이 갈 데가 없어요. 공부는 많이 했지요, 배우기도 많이 배웠습니다. 그러니 어떻게 합니까? 상상의 나래를 펼치기 시작합니다. 그전에는 꿈도 꾸지 않았던 소설이나 희곡을 씁니다. 어떤 면에서는 몽골족이 중국 지식인의 사상을 해방시켰다고도 볼 수 있습니다. 매일 사서삼경만 외우고, 틀에 박힌 시험공부만 하던 지식인이 과거를 못 보게 되었으니 평소 가슴속에 응어리졌던 감정을 자기 나름대로 자유롭게 펼쳐 보고 싶지 않았겠어요? 그래서 『사기』에 나오는 고사의 영향을 받아 희곡이 만들어지기 시작합니다.

사마천 고향에 가면 의로운 인물 정영程嬰, 한궐韓厥, 조삭趙朔의 무덤이 남아 있습니다. 이 세 사람은 『조씨 고아』趙氏孤兒라는 희곡의 주인공입니다. 『사기』에 나오는 조씨 고아 이야기를 바탕으로 만들어진 유명한 희곡입니다. 『조씨 고아』는 일찍이 유럽으로 건너가 연극으로 상영되기도 했습니다. 유명한 사상가이자 희곡가, 소설가였던 볼테르가 『조씨 고아』를 소개했고, 유럽에서는 『조씨 고아』가 '중국의 햄릿' 으로 알려져 있습니다.

오자서 이야기는 원나라 때 『오원취소』伍員吹簫라는 희 곡으로 등장합니다. 여기서 '원'은 오자서의 이름입니다. '소'는 퉁소를 가리킵니다. 오자서가 피리를 분다는 뜻이에 요. 오자서가 초나라에서 오나라로 망명을 했는데 막상 다른 나라에 오니까 마땅히 할 일이 없어요. 그래서 시장 바닥에 서 피리를 불며 밥을 빌어먹고 살았습니다. 구걸하며 산 것 이지요. 이 힘겨웠던 오자서의 생활을 네 글자로 압축한 것 이 오원취소이고, 오자서의 일대기를 희곡으로 만들면서 이 오원취소라는 제목을 붙인 것입니다. 그게 원나라 때입니다.

『사기』에 나오는 고사성어 가운데 재미난 것이 상당히 많은데 그중에서도 개자추介子推 이야기를 꼽을 수 있습니다. 개자추는 춘추 시대 진晉나라 문공文公의 측근이었습니다. 문 공의 아버지 헌공獻公은 젊은 첩에게 빠져 아들을 죽인 인물 이었습니다. 큰아들인 태자 신생申生을 자살하게 만든 것도 모자라 작은아들들에게도 마수를 뻗쳤지요.

왕조 체제에서는 권력 계승이 큰 문제였습니다. 그래서 권력 계승에 따르는 갈등과 싸움을 최소화하려고 중국 사람들이 만든 원칙이 바로 적장자 계승 원칙입니다. 큰 부인에 게서 난 큰아들에게 왕위를 물려준다는 것이었지요. 왕은 첩을 많이 두기 때문에 아들이 많았습니다. 이 아들들을 경쟁 시키거나 칼싸움을 붙여서 후계자를 정할 수는 없지요. 그래서 나름대로 '첫 부인의 큰아들을 왕위 계승자로 삼는다.'는 원칙을 정한 것입니다.

그런데 이게 사람 마음대로 됩니까? 안 되지요. 열 손 가락 깨물어서 안 아픈 손가락은 없지만 아픈 정도가 다 다르단 말이지요. 부인이 많으면 예쁜 부인도 있고 미운 부인 도 있기 마련입니다. 그리고 나이가 들면서 개인의 판단력에도 문제가 발생합니다. 그런 데다 젊은 첩이 허구한 날 잠자리에서 베갯잇 송사를 벌여 보세요. 달콤하게 속삭이는 말을 들으면 작은아들이 더 예뻐 보이고, 나랑 더 닮은 것 같고 그러다 보면 갈등이 발생하는 것입니다. 특히나 젊은 첩 입장에서는 자신이 낳은 아들을 왕위에 앉히지 못하면 큰일 나는 거지요. 정부인에게서 나온 적장자가 임금이 될 경우 자신과 아들이 당할 구박을 생각하면 사생결단으로 권력자에게 베갯잇 송사를 할 수밖에 없는 상황이었습니다.

헌공도 여희驪姬라는 첩에게 빠져 갓 태어난 막내아들을 후계자로 삼으려 했습니다. 그리고 여희가 벌인 여러 가지

계략에 놀아나 큰아들을 자살하게 만들었지요. 그러니까 다른 아들들이 '우리 아버지가 제정신이 아니네.' 하고는 모두 다른 나라로 도망을 갑니다. 그중 중이重耳라는 둘째 아들은 19년 동안 망명 생활을 합니다. 이 중이는 42세에 망명을 떠나 61세에 진나라로 돌아옵니다. 그리고 국군의 자리에 오르니 그가 바로 진 문공입니다. 중이의 망명 생활이 『사기』「진세가」秦世家에 대단히 재밌게 묘사돼 있습니다. 그리고 중이가 19년 동안 망명 생활을 하며 남긴 다양한 이야기가 설화나 전설로 남아 있습니다.

중이는 여러 명의 측근을 데리고 망명을 떠납니다. 42세에 망명을 떠났으니 이미 젊은 공자 시절부터 중이를 따르던 인물들이 있었겠지요? 이 인물들이 19년 동안 중이를 따라다니며 보필했습니다. 그 가운데에서도 개자추라는 사람은 좀 독특했어요.

중이는 19년 동안 여러 나라를 떠돌며 엄청 고생을 합니다. 한번은 조그마한 조나라에 갔는데 조나라 왕이 직접 나와 중이를 맞이했습니다. 그래서 중이는 '한참 굶었는데 밥 좀 얻어먹겠구나.'라고 생각합니다. 아니나 다를까 조나라 왕이 중이를 방에 모셔 놓고 목욕물까지 받아 줍니다. 중이가 '목욕도 해 보는구나.' 하고 감탄하며 옷을 벗고 목욕을 하는데, 조나라 왕이 와서 중이를 훔쳐봅니다. 왜 훔쳐봤을까요? 조나라 왕이 변태라서? 그 사연은 이렇습니다. 중이가 태어난 지 얼마 안 됐을 때 바닥에 떨어지는 사고를 당했는데 떨어지는 순간 가슴팍이 땅에 부딪쳐서 갈비뼈가 모두 붙어 버렸답니다. 그래서 갈비뼈가 통뼈였지요. 『사기』에는 '변협'騈脇이라고 기록돼 있는데, 변협이라는 이 두 글자 때문에 2천 년 동안 상당히 많은 논란이 있었습니다. 변협을 어떻게 해석해야 하는지 의견이 엇갈렸지요. 시중에 나와 있는 『사기』 번역서들을 보면 갈비뼈를 으스러뜨렸다는 말부터 별의별 희한한 말이 다 나옵니다. 엉뚱하게 번역된 책이 많아요. 그러다 이제 정설로 굳어진 것이 통 갈비뼈입니다. 그러니까 조나라 왕이 중이의 갈비뼈가 통뼈라는 이야기를 어딘가에서 듣고는 그걸 구경하고 싶어서 목욕물을 받아 주고 목욕을 시킨 거예요. 그리고 몰래 훔쳐봅니다. 중이 입장에서는 굉장히 치욕스러운 일이었지요.

또 한번은 중이가 밥을 못 먹고 쫄쫄 굶고 있는데 농부하나가 와서 밥을 줍니다. 그런데 먹으려고 보니까 밥그릇안에 흙이 가득 들어 있었어요. 이런 수모를 당하기도 했습니다. 그 뒤에도 거의 먹지를 못해서 굶어 죽을 지경에 처하는데 개자추라는 사람이 자기 허벅지 살을 베어서 고깃국을 끓여 죽어 가던 중이를 살립니다. 여기서 '할고봉군'割股奉君이라는 유명한 사자성어가 나옵니다. 허벅지 살을 베어 임금을 받든다는 뜻입니다. 이렇게 죽을 뻔한 중이를 살려 내지요.

그 뒤 중이가 19년의 망명 생활을 끝내고 돌아와 임금 자리에 오릅니다. 그럼 이제 뭘 해야 할까요? 출세했으니 논공행상을 해야지요. 자신을 수행했던 사람들에게 벼슬을 하나씩 줍니다. 그런데 개자추가 빠져요. 중국 사람은 먹는 것을 굉장히 중시합니다. 굶어 죽을 뻔한 임금을 살렸잖아요. 그것도 자기 허벅지 살까지 베어서요. 그런데 개자추가 논공행상에서 제외되니까 백성이 임금을 비판하는 노래를 지어 부르며 막 퍼뜨립니다. "다른 놈들은 전부 출세해서 한 자리씩 차지했는데 한 마리 이무기만 집을 찾아가지 못한 채 헤매고 있구나." 개자추는 자신이 논공행상에서 빠지자 늙은 어머니를 모시고 면산으로 들어갑니다.

백성들 사이에서 노래가 돌고 결국은 그 노래가 문공의 귀까지 들어갑니다. 문공이 아차 싶었겠지요. '내가 개자추를 잊고 있었네.' 사람을 시켜서 개자추를 찾게 합니다. 여기저기 물어 보니 개자추가 면산에서 나물을 뜯어다 노모를 봉양하며 살고 있었어요. 문공이 미안했겠지요. 그래서 벼슬을 줘야겠으니 불러내라고 명합니다. 개자추 입장에서는 우습지요. 이제 나갈 수가 없어요. 나가서 벼슬을 받으면 뭐가 됩니까? 벼슬 받으려고 꾀부린 것, 몽니 부린 것밖에 안 된단 말이지요. 결국 산에서 안 나옵니다. 이제 문공은 어떻게 돼요? 점점 더 미안해지지요.

문공이 신하들을 모아 놓고 개자추를 불러낼 방법을 강구하게 합니다. 그랬더니 한 사람이 엉뚱하게도 "산에 불을 지릅시다. 개자추는 효자라서 어머니를 모시고 나올 겁니다."라고 이야기합니다. 그래서 진짜로 면산에 불을 지릅니다. 그런데 그 어머니가 아들의 지조를 지켜 주려고 같이 불에 타 죽습니다. 산에 불을 질렀는데도 개자추가 나오지 않잖아요. 문공은 깜짝 놀랐습니다. 더구나 산에 불을 지른 시기가 봄이었어요. 봄에 불을 지르니 바짝 마른 나무가 얼마나 잘 탔겠어요. 면산을 홀딱 태우고 난 뒤 시체라도 찾겠다고 산에 들어갔더니 모자가 나무 기둥을 끌어안고 시커멓게 타 죽어 있었습니다.

문공이 얼마나 가슴 아파요. 그래서 그 나무 기둥을 캐오게 한 뒤 그걸 깎아서 신발을 만듭니다. 신발을 만들어 신고 다니면서 딱딱 소리가 날 때마다 개자추를 생각합니다. 면산에 가면 지방지에 이것이 일본 게다의 기원이라고 쓰여

개자추의 죽음을 안타까워한 진나라 문공은
개자추가 타 죽은 날에는 데운 음식이나 탄 음식을 먹지 못하게
했다. 이것이 한식의 기원이 되었다. 개자추가 불에 타 죽은
면산의 현재 모습이다.

있습니다. 사실인지 아닌지는 확인할 길이 없지만요.

문공은 전국에 명령을 내려 개자추가 타 죽은 날에는 데운 음식이나 탄 음식을 먹지 못하게 합니다. 이것이 한식寒食의 기원입니다. 찬 음식만 먹는 날, 한식은 개자추에게서 비롯되었습니다.

굴원이 돌을 끌어안고 강에 서서히 가라앉아 죽은 날이 음력 5월 5일입니다. 이것이 단오端午의 기원입니다. 굴원이 빠져 죽자 동네 어부들이 배를 몰고 나옵니다. 물고기가 뜯어 먹기 전에 시체를 찾아야 한다고요. 여기에서 비롯된 풍습이 용주龍舟 경기예요. 중국 사람들은 단옷날이 되면 용머리가 달린 배를 타고 시합을 합니다. 시간 나시면 우리의 영원한 터프가이 저우룬파周潤發 형님의 『첩혈쌍웅』이라는 영화를 한번 보세요. 거기에 용주 경기가 나옵니다. 용주 경기 시작을 알리는 신호가 용 눈알에 점을 찍는 겁니다. 화룡점정畵龍點睛을 하면 배를 저어서 출발합니다. 이것이 단옷날 굴원의 시체를 찾으려 한 데서 비롯된 풍습입니다.

개자추와 진 문공의 일화를 희곡으로 만든 것이 『진문공화소개자추』晉文公火燒介子推입니다. '화소'는 불태웠다는 뜻입니다. "진 문공이 개자추가 있는 곳에 불을 질렀다."라는 내용이 역사 기록에 나옵니다. 『사기』에 등장하는 고사나 스토리가 후대에 어떤 영향을 주었는지를 잘 보여 주는 대목 가운데 하나입니다.

그다음으로는 『소하월야추한신』蕭何月夜追韓信이라는 희곡도 등장합니다. 소하와 한신에 관한 이야기이고, 『사기』에 나오는 명장면 가운데 하나입니다. 한신은 원래 항우 밑에 있었습니다. 항우 밑에서 의장대를 했어요. 한신은 허우대도 좋고 잘생기고 키도 컸습니다. 그래서 창 같은 것을 들고 있는 의장대, 오늘날로 치면 헌병대였습니다. 한신이 항우에게 여러 차례 자신의 생각을 내놓지만 받아들여지지 않습니다.

그래서 항우를 떠나 유방에게 옵니다. 유방은 한신에게 항우 진영에 있을 때보다 조금 더 나은 자리를 줍니다. 치속도위治粟都尉라는 군량미를 관리하는 하급 벼슬을 주었지요. 그런데 한신 입장에서는 이 자리가 성에 차지 않았습니다. 자기 포부에 맞지 않아서 투덜거리다 군법에 걸립니다. "이 자식이 그렇게 불만이 많아?" 그래서 처형당할 뻔합니다. 이때 하후영夏侯嬰이라는 사람이 한신을 알아보고는 살려 줍니다. 그리고 소하에게 소개합니다. 소하가 보니 한신이 보통 사람이 아니거든요. 그래서 유방에게 여러 차례 "한신을 중용하십시오!" 하고 권합니다. 유방이 "그런 놈이 널리고 널

렸는데 한신이 뭐가 대단하다고 그러느냐."며 코웃음을 치고 받아들이지 않습니다. 소하가 만날 한신에게 와서 "내가 너 추천할게." 하는데 그 뒤로 기별이 없어요. 그러자 한신이 도망가 버립니다.

한신이 도망갔다는 이야기를 듣자마자 소하가 쫓아갑니다. 유방에게 보고도 하지 않고 쫓아가요. 유방에게 소하는 팔다리와 같은 존재였습니다. 유방에게 아무 말도 하지 않고 소하가 떠나니까 소하도 도망갔다고 보고가 올라갑니다. 『사기』에는 "유방이 두 팔을 잃은 것처럼 허전해했다."라고 기록돼 있습니다. 그 정도로 소하가 유방에게 중요한 인물이었다는 말이지요. 그러고는 한 이삼일 후에 소하가 돌아옵니다. 『사기』에는 이렇게 나와요. "한편으로는 성이 나고, 한편으로는 기분이 좋아서." 유방이 속으로는 좋으면서도 겉으로는 화를 내며 "도대체 어디 갔다 왔느냐 이놈아."라고 묻습니다. 그러자 소하가 "한신을 쫓아갔다 왔습니다."라고 대답합니다. 유방이 "야, 이놈아. 장군들이 도망갔을 때도 눈 하나 깜짝하지 않던 놈이 사병 하나 도망갔다고 나한테 보고도 안 하고 쫓아가?"라고 야단을 쳤어요. 그러니까 소하가 "그 사람 보통 사람 아닙니다."라고 대답합니다.

여기서 나온 유명한 고사가 '소하월야추한신'입니다. 소하가 달밤에 한신을 추격했다는 뜻입니다. 소하가 한신을 한계寒溪라는 곳까지 추격합니다. 한계는 물이 얼음처럼 차다고 하는 시내인데 그곳까지 한신을 추격해서 간신히 따라잡습니다. 그전에 비가 많이 와서 한계에 물이 넘칩니다. 그래서 한신이 거기까지밖에 못 갔어요. 한계를 넘지 못하고 멈춰 있던 한신을 간신히 설득해서 돌아온 소하가 유방에게 다시 한신을 추천합니다. 그래서 결국 유방으로 하여금 한신을 대장군으로 임명하게 만들지요. 여기서 '소하월야추한신'이라는 고사가 나왔고, 혹자는 월야를 빼고 '소하추한신'이라고도 합니다. 이 고사가 원나라 때 희곡으로 변형됩니다.

이 외에도 『사기』에 등장하는 고사와 관련된 주요한 희곡 작품으로는 『초소왕』楚昭王, 『기영포』氣英布, 『민지회』澠池會 등이 있습니다. 『초소왕』은 초나라 평왕에게 박해를 받고 오나라로 망명한 오자서가 결국은 초나라를 공격해 원한을 갚는다는 내용이고, 『기영포』는 유방을 도와 한나라를 건국하는 데 큰 공을 세웠던 맹장 영포의 이야기를 다룬 작품입니다. 이 영포는 훗날 모반으로 처형을 당했고요. 『민지회』는 나중에 다시 말씀 드리겠지만 인상여가 조나라 혜문왕惠文王의 명을 받고 진秦나라에 사신으로 가 국보인 벽옥을 온전하게 가지고 돌아온 고사를 바탕으로 만들어진 이야기입니다.

『사기』가 세상에 알려지기 시작한 때를 기원 전후로 추
정한다면 약 1천 년이라는 시간이 지난 후 원나라 때 『사기』
의 영향력이 활짝 꽃을 피웠다고 할 수 있습니다.

『삼국지』가 곧 『사기』다

『사기』가 『삼국지』에 미친 영향은 절대적입니다. 『삼국
지』에는 100여 차례 이상 『사기』가 인용되거나 『사기』의 등
장인물이 언급됩니다. 유비가 제갈량에 대해 뭐라고 합니까?
"나의 장자방이다."라고 표현합니다. 그리고 조조 혹은 유
비가 자신을 유방과 비유하는 대목이 상당히 많이 나옵니다.
그래서 어떤 사람은 "『삼국지』가 곧 『사기』다."라고 이야기
하기도 합니다. 그만큼 『사기』가 『삼국지』에 미친 영향이
큽니다. 그런데도 오랫동안 『삼국지』가 과도한 지위를 누려
왔습니다. 이제 바로잡을 때가 됐지요. 『사기』를 알고 『삼국
지』를 읽으면 훨씬 재밌어지는데 지금까지는 거꾸로 해 왔
습니다.

자, 『삼국지』에 뭐가 나옵니까? 유비가 제갈량을 찾아
가는 유명한 장면이 뭐지요? 삼고초려三顧草廬입니다. 저와

『사기』를 공부하신 분들은 이제 삼고초려라고 하시면 안 됩니다. 『사기』에는 상나라를 건국한 탕임금이 등장합니다. 『사기』에 나오는 「은본기」殷本紀가 상商나라에 대한 기록이에요. 옛날 고대 왕국들은 수도를 여러 차례 옮겨 다녔습니다. 그래서 수도 이름 자체가 국호예요. 상 지역에 제일 먼저 도읍을 정하고, 가장 마지막에 은 지역을 도읍으로 정했기 때문에 우리가 은나라 혹은 상나라라고 부르는 것입니다. 이 은이 허난성 안양시安陽市에 남아 있는 은허殷墟라는 곳입니다. 은허에서 뭐가 나왔지요? 갑골문이 나왔습니다. 이 갑골문을 통해 은나라 계보도가 모두 확인되면서 『사기』의 기록이 얼마나 정확한지 또 한 번 확인하는 중요한 계기가 됐습니다.

갑골문은 거북이 뼈부터 소뼈, 돼지 뼈, 사슴 뼈, 노루 뼈, 심지어는 사람 뼈에까지 새기거나 써 놓은 글입니다. 이 중에서도 가장 많이 사용된 것이 소의 어깨뼈예요. 은나라 사람들의 가장 큰 특징은 뭐든지 제사를 지내는 것이었습니다. 그런데 제사를 지내기 전에는 항상 뭘 했을까요? 점을 칩니다. 은나라는 미신의 나라였습니다. 귀신을 믿는 나라였어요. 임금이 어떤 행사를 하기 전에 반드시 점을 쳐야 했습니다. 그러고는 점친 내용을 기록으로 남겼어요. 이것이 바로 짐승 뼈에 남긴 기록인 갑골문이었습니다.

그럼 어떻게 점을 쳤을까요? 우선 소 어깨뼈에 홈을 팝니다. 구멍을 뚫는 게 아니고 홈을 여러 개 팝니다. 그러고는 뼈 뒷면을 불에 지집니다. 그럼 뼈가 자연스럽게 갈라지겠지요. 홈을 팠으니 뼈에 약한 부분이 생기잖아요. 그 부분을 불에 가져다 대면 점을 칠 때마다 뼈가 다른 모양으로 갈라집니다. 그 갈라지는 선의 형태를 보고 길흉을 판단해요. "오늘 사냥을 가려고 하는데 길할까요, 흉할까요?" 이렇게 묻고 점을 친 뒤 길하다고 나오면 그 내용을 적는 것입니다. 이 외에도 아버지, 할아버지 등 조상에게 제사 지내는 내용을 모두 적었어요. 그러다 보니 뭐가 나와요? 황제 이름, 시호, 왕비 이름 등이 나옵니다. 이렇게 점을 다 친 다음 뼈를 구덩이에 묻었어요.

그 갑골이 19세기 말에 베이징의 한약방에 떠돌기 시작합니다. 갑골을 갈아서 마시면 학질에 좋다는 소문이 나서 그걸 갈아 약에 넣어 마셨어요. 갑골이 용골이라는 별명으로 불리며 약재로 둔갑합니다. 그런데 오늘날로 치면 국립대 총장쯤 되는 국자감 좨주를 지낸 베이징의 왕의영王懿榮이라는 사람이 한약방으로 들어온 뼛조각을 보고 심상치 않음을 느낍니다. 뼈에 옛날 문자 같은 것이 새겨져 있었던 것이지요.

미신을 믿었던 은나라 사람들은 임금이 행사를
하기 전에는 반드시 점을 치고 그 내용을 짐승 뼈에 기록으로
남겼다. 은허에서 발굴된 갑골문.

왕의영은 굉장히 공부를 많이 한 사람이었습니다. 그가 이 뼈를 수집하기 시작합니다. 이것이 어디서 나왔는지 역추적해 보았더니 허난성 안양시라는 곳이었습니다. 그래서 그곳에 있는 뼈를 대량으로 사들여 탁본을 하고 책을 냅니다. 이것이 갑골학의 시작입니다. 그 뒤로 20세기 초반에 중국 고고학자들이 대대적으로 안양시에 가서 발굴을 시작합니다. 그리고 은허를 발굴합니다. 은허는 '은나라의 도읍 터'라는 의미예요. 은허는 그 후 지금까지 발굴이 진행되고 있고, 현재는 세계문화유산으로 지정돼 있습니다. 제사 구역과 왕릉 구역으로 나뉘어 있고, 제사 구역에서 왕릉 구역까지 가려면 버스를 타야 할 만큼 넓습니다.

이 상나라의 첫 임금인 탕이 이윤이라는 인재를 모셔 오기 위해 그를 다섯 번이나 찾아갑니다. 여기서 나온 유명한 고사성어가 '오청이윤'五請伊尹입니다. 이윤을 모셔 오기 위해 다섯 번 청했다는 뜻입니다. 이것이 바로 삼고초려의 원조입니다. 어디 가서 누가 삼고초려 이야기하면 "오청이윤은 압니까?"라고 물어보시면 되겠습니다.

'천하삼분지계'天下三分之計도 제갈량이 이야기한 것으로 알고 계시지요? 천하삼분지계의 원 저작권자는 한신의 책사였던 괴통蒯通이라는 사람입니다. 『사기』에 정확하게 '천하

삼분지계'라고 나옵니다. 괴통이 한신에게 유방이나 항우 편을 들지 말고 독립해서 천하를 삼분하라고 권유하는 대목에서 등장합니다.

『삼국지』외에도 『사기』가 중국 소설에 미친 영향력은 어마어마합니다. 『수호지』에도 『사기』의 인물과 흡사한 인물들이 굉장히 많이 등장하고, "『금병매』가 곧 『사기』다."라고 주장하는 중국 학자도 있습니다. 이 외에도 많지만 여기까지만 말씀 드리겠습니다.

흥부 마누라가 『사기』한 대목을 읊다

조선 후기 우리나라의 지식인들에게 『사기』가 미친 영향력은 이루 말할 수가 없습니다. 김득신金得臣이라는 학자가 있었어요(화가 김득신과는 동명이인입니다). 이 사람이 「백이열전」을 10만 번 읽었다는 기록이 남아 있습니다. 기록에는 1억 몇 번이라고 나옵니다. 그런데 오늘 방식으로 계산을 하면 약 10만 번이라고 보는 것이 맞습니다.

특히 실학자들에게 『사기』가 미친 영향은 대단합니다. 조선 후기에 청나라의 북학이 들어오면서 사상적으로 상당히 활기를 띰과 동시에 조선은 위기 상황으로 몰리게 됩니다. 개혁 문제라든지 진보적인 사관이 실학자들에게 영향을 미치면서 『사기』의 영향력이 점차 커지는 경향을 보입니다.

정조는 자신이 직접 『사기』에서 마음에 드는 편을 골라 책을 한 권 편찬했습니다. 그것이 『사기영선』입니다. 시중에 번역본이 나와 있습니다. 『사기』 130권 가운데에서 정조가 자신의 국정 철학, 개혁 의지와 맞는 편들을 골라 『사기영선』史記英選이라는 제목으로 책을 편찬한 것입니다. 이 책의 교정 교열을 박제가와 정약용이 담당했습니다. 정조는 『사기』를 통해 자신의 개혁 의지를 다시 한 번 확인했던 것입니다. 『사기』에는 개혁가 이야기가 상당히 많이 나오거든요.

그러고는 노론파의 공격에 의해 남양주 집에 머물러 있던 정약용에게 『한서』를 보내면서 『사기영선』을 살짝 끼워 넣습니다. 옛날 사람들의 행동을 보면 참 기가 막힙니다. 공식적으로 『한서』를 보내면서 『사기영선』을 끼워 넣었다는 것은 조만간 당신을 다시 불러들여 개혁 정책을 같이할 것이라는 군주의 의지를 비유적으로 표현한 것입니다. 안타깝게도 그 이듬해에 정조가 돌아가시면서 조선은 개혁할 기회를 갖지 못한 채 주저앉게 되지요. 정조가 우리나라 왕 가운데에서는 거의 유일하게 『사기』를 애독한 군주였습니다.

『사기』는 우리나라의 판소리 사설과도 깊은 관계가 있

습니다. 판소리가 모두 몇 마당일까요? 다섯 마당입니다. 판소리 다섯 마당을 누가 정리했지요? 동리 신재효 선생입니다. 이 다섯 마당 가운데 『사기』가 안 나오는 마당이 하나도 없습니다. 판소리를 잘 들어 보세요. 『적벽가』에는 뭐가 제일 많이 나올까요? 물론 『삼국지』이지요. 그런데 그 『적벽가』에도 『사기』가 30대목이나 인용됩니다. 심지어 『흥부전』에도 『사기』가 나와요. 흥부 마누라가 '집안이 어려워지면 현모양처가 생각나고, 나라가 어지러워지면 훌륭한 재상이 생각난다.'라는 『사기』에 나오는 유명한 구절을 인용합니다. 흥부 마누라가 굉장히 유식했습니다. 흥부 마누라를 유식하게 그린 데에도 다 이유가 있습니다. 판소리의 주창자, 즉 노래 부르는 사람은 평민이나 천민이지만 그걸 듣는 사람은 양반이란 말이지요. 그러니까 양반들을 지적으로 만족시켜 주지 못하면 안 됩니다. 판소리 다섯 마당에 『사기』나 『삼국지』 같은 중국 고전이 인용되는 이유입니다.

더군다나 조선 중후기에 오면 판소리가 양반을 포함해 일반 평민의 울분을 표출할 수 있는 마당의 역할을 하기도 하고, 다양한 사회학적인 의미를 갖고 있었단 말이지요. 이런 판소리 다섯 마당 모두에 『사기』가 들어가 있다는 것은 대단히 의미심장합니다. 그만큼 『사기』가 생활 속에 깊숙이

침투해 있었다는 의미지요. 『사기』가 우리나라에 미친 영향력이 이 정도로 컸습니다.

원조 중의 원조

『사기』가 영향을 미친 분야는 상상을 초월합니다. 정치, 경제, 사회, 문화는 기본이고 지명학, 지리학 등에도 영향을 미쳤습니다. 『사기』에 나오는 지명은 어마어마합니다. 제가 지금 완역 작업을 하면서 뒤에 인명표와 지명표를 붙이는데 속된 말로 아주 죽을 맛입니다. 땅이 워낙 넓은데 그곳의 지명을 일일이 다 찾아서 오늘날의 어디에 해당하는지 비교해 주어야 되거든요. 그것이 보통 일이 아닙니다.

『사기』는 지방지 연구에 절대적인 영향을 미쳤습니다. 사마천이 직접 자기 발로 광대한 영토를 다 다녀 봤잖아요. 그래서 저는 '사마천의 여행은 『사기』의 폭을 결정했고, 사마천의 궁형은 『사기』의 깊이를 결정했다.'라고 이야기합니다.

오늘날 중국을 이해하는 데 중요한 지리학에도 『사기』가 크게 영향을 미쳤습니다. 기록에 남아 있는 춘추 시대 초반기의 나라만 140개 정도 되고, 이것이 춘추 전국 550년 동안 하나로 줄어드는 과정이라고 앞에서 말씀을 드렸습니다. 당시 중국의 땅덩어리와 그 땅덩어리에 위치했던 나라와 봉국들, 그들이 하나로 합해지는 과정을 추적해 나가면 중국의 역사와 풍토 등을 아는 데 도움이 됩니다.

사마천은 「화식열전」에서 당시의 중국을 경제 구역별로 분류해 놓았습니다. 어느 지역에 무엇이 많이 나고, 사람들의 인심은 어떠하며, 이쪽 지역은 먹고 마실 게 많아서 저축을 잘 안 하며, 저쪽 지역은 땅이 척박하고 생산물이 적어 사람들이 일일이 비축한다는 내용부터 어느 지역은 예쁜 여자가 많아서 여자들이 웃음을 판다는 내용까지 언급합니다. 『사기』에는 조나라 여자가 문에 기대서 웃음을 판다는 뜻을 가진 '의문매소'倚門賣笑라는 고사성어가 나옵니다. 이 말은 매춘을 뜻합니다. 그럼 왜 조나라 여자가 문에 기대서 웃음을 팔까요? 이익이 거기 있으니까요. 돈이 거기 있으니까요. 사마천은 아주 솔직한 사람이었습니다.

『사기』에는 이런 경제 구역에 관한 이야기뿐 아니라 그에 따른 민속, 기후, 물산, 도시에 관해서도 언급돼 있습니다. 무엇보다 도시에 대한 묘사가 상당히 자세합니다. 조나라의 수도였던 한단이라는 곳을 묘사하면서 "아침에 장이 열리면 사람들이 장터로 가면서 부대끼며 흘리는 땀방울이 비가 돼 내릴 정도"라고 표현했습니다. 그럼 왜 그렇게 몰려갔을까요? "거기에 내가 얻고자 하는 것이 있기 때문이다."라고 적혀 있습니다.

전문가들은 전국 시대의 대도시 인구가 조금 과장해서 50만 명에 육박했을 것으로 추정합니다. 지금으로부터 약 2,500년 전입니다. 당시에 50만 인구면 굉장한 숫자지요. 당나라 때 수도 장안의 인구가 100만 명이 넘었습니다. 당시에 세계에서 가장 큰 도시였어요.

지형, 유적, 민족, 상인을 비롯해서 희곡, 소설, 전기문학에 미친 영향은 가히 절대적이었습니다. 중국 무협소설의 원조는 『사기』의 「유협열전」과 「자객열전」刺客列傳입니다. 그리고 당나라 때 가면 전기소설傳奇小說이 나옵니다. 실존 인물의 일생이 아니라 기이하고 독특한 이야기를 다룹니다. 이것이 무협소설의 두 번째 전환점이 됩니다. 이때 자객이나 협객에 관한 이야기가 전문적으로 나오는데 당나라 때 나온 전기소설 가운데 가장 대표적인 작품이 우리나라 역사와 관계돼 있습니다. 그것이 「규염객전」虯髥客傳입니다. 규염객은 털보라는 뜻이에요. 이 구레나룻을 잔뜩 기른 규염객이 누구를 모델로 한 걸까요? 여러분이 잘 아시는 연개소문을 모델로 한 것입니다. 일찍이 단재 신채호 선생은 이 「규염객전」

에 주목한 바 있습니다. 그 사람이 곧 연개소문이라고 이야기하고 있어요. 이런 당나라 때의 전기소설에 『사기』가 미친 영향은 굉장합니다.

전쟁에 대한 기록이 수도 없이 나오기 때문에 전쟁학의 보물 창고이기도 하고, 태사령이란 벼슬 자체가 천문을 관측하는 자리였기 때문에 천문학에도 영향을 미칠 수밖에 없습니다. 얼마 전 중국 사람들이 주나라 무왕이 은나라 정벌에 성공한 해를 밝혀냈습니다. 『사기』를 비롯해 다른 기록에 나오는 모든 천문학 기록을 바탕으로 하여 알아낸 것이지요. 그것이 기원전 1046년입니다. 이 기원전 1046년을 기점으로 주나라의 건국 연도를 확정하는 중요한 연구 성과를 얻었습니다. 오늘날의 연대학에서 천문학이 차지하는 비중은 절대적입니다. 왜 그럴까요? 혜성이나 일식, 월식은 일정한 주기에 따라 돌아오기 때문에 일식, 월식에 대한 기록, 별자리의 움직임에 대한 기록이 있으면 연대를 추정할 수 있습니다. 따라서 천문학은 역사 연구와 떼려야 뗄 수 없는 관계를 맺고 있지요.

의학 또한 중요합니다. 『사기』 열전 가운데 의사들에 관한 기록이 있습니다. 뭘까요? 「편작창공열전」扁鵲倉公列傳입니다. 중국 의학사에서 절대 빠지면 안 되는 중요한 기록입니다. 그곳에는 약, 침, 뜸, 외과 수술 등에 대한 다양한 이야기가 있습니다. 이렇게 보면 '『사기』는 백과전서'라는 말이 결코 과장이 아님을 알 수 있습니다.

언어의 보물창고, 『사기』

동양의 서사시, 『사기』

지금까지 중국을 수없이 다녔는데도 갈수록 인터넷이 발달해 정보가 늘어나고, 지역에 남아 있는 유적들이 계속 발굴되다 보니 이 유적들을 전부 돌아보려면 도대체 얼마만큼의 시간이 더 필요할지 가늠이 안 될 정도입니다. 지금 거의 다 남아 있습니다. 맹상군 무덤도 있고, '모수자천'毛遂自薦의 모수 무덤도 남아 있어요. 그런데 그걸 누가 다 정비했는지 살펴봤더니 청나라 때 만주족, 즉 여진족이 다 해 놓은 겁니다. 지금은 역사의 무대 뒤로 퇴장해 버렸지만 그들이 중국의 문화나 역사, 경제에 남긴 흔적은 무시할 수 없습니다. 특히 중국 강역을 보면 그렇습니다. 명나라가 멸망할 때 중국 강역은 300만 제곱킬로미터였어요. 그런데 지금은 960만 제곱킬로미터지요. 다 청나라가 넓힌 땅입니다. 세 배가 넘게 늘어났잖아요. 중국 사람들은 청나라 만주족에게 감사해야 합니다.

역사에서도 신진대사나 수혈이 필요합니다. 다른 피가 필요해요. 앞으로 여러분은 우리 민족이 단일 민족이라고 이야기하시면 안 됩니다. 현재 우리의 다문화 가정을 보아도 알 수 있지만 한국사는 끊임없는 이종 교배와 혼혈의 역사였습니다. 앞서 말씀 드렸던 「조선열전」을 보면 위만衛滿에서 출발하거든요. 이 위만 조선은 주로 망명 세력을 받아들여 성장합니다. 중국 동북부 지역에서 문제가 터지면 난민들이 생기잖아요. 그럼 그 난민들을 받아들입니다. 난민 중에는 농부도 있고, 기술자나 상인도 있었습니다. 그래서 그들로 하여금 황무지를 개척하게 해 농업 생산력을 늘리고, 수공업이나 상공업을 발전시켜 성장한 정권이 위만 정권입니다.

전국 시대 말기에는 동북 지역에서 난민이 한 번에 4만~5만 명씩 발생했습니다. 어마어마한 숫자였어요. 4만 명, 5만 명이면 오늘날의 자그마한 군 하나가 통째로 난민이라는 말입니다. 즉 고조선이 그 정도를 수용할 수 있을 만큼 경제 구조나 정치 구조, 사회 구조가 탄탄했다는 이야기지요. 그래서 한나라와 맞설 만한 힘을 갖췄던 것입니다. 오늘날 우리가 옛날 사람들은 굉장히 미개했을 것이라든지, 수준이 떨어졌을 것이라고 생각하면 안 되는 이유입니다.

중국의 궈모뤄郭沫若라는 사람은 "『사기』는 역사 소설집이다."라고 평가했습니다. 궈모뤄는 공산당 초기에 큰 역할을 해서 부주석까지 지낸 인물입니다. 그는 역사학자, 소설가, 시인, 금석학자이자 정치가였습니다. 문학 쪽에 조예가 깊었던 그는 『사기』의 문학적 가치를 높이 평가했습니다.

또 프린스턴 대학의 앤드루 플랙스Andrew H. Plaks라는 교수가 『사기』를 다음과 같이 평했습니다. 동양학을 전공한 사람인데 제가 볼 땐 이 사람이 『사기』를 가장 정확하게 보지 않았나 싶습니다.

"서구 소설과 희곡을 연구하는 사람은 대개 그 기원을 고대 그리스 서사시로 올려 잡는다. 그런데 중국 문학을 연구하는 사람은 중국 고대에 서사시가 없다고 말한다. 그들이 말하는 『수호전』, 『삼국지』, 『서유기』, 『홍루몽』 같은 장편 소설은 민간 설창說唱에서 왔다고 한다. 사실 고대 중국에도 서사시가 있었으나 안타깝게 그것을 서사시로 간주하지 않앗을 뿐이다. 바로 『사기』다. 서양인의 영혼 깊은 곳의 프로메테우스 정신, 아폴로 정신, 제우스 정신 등이 고대 그리스 신화와 서사시에서 나왔듯이, 중국 고전 장편소설의 주인공들의 내면세계는 곳곳에서 『사기』 속에 두드러지는 형가荊軻 정신, 오자서 정신, 맹상군 정신 등과 만나게 된다."

이 사람의 말이 맞지요? 서양에는 호메로스의 『일리아스』와 『오디세이아』, 그리스 로마 신화, 『플루타르크 영웅전』과 같은 서사시가 있지만 중국에는 이런 서사시가 없습니다. 그런데 이 사람은 뭐라고 이야기합니까? 중국에도 『사기』라는 서사시가 있다고 했어요.

'『수호전』, 『삼국지』, 『서유기』, 『홍루몽』 같은 장편소설은 민간 설창에서 왔다고 한다.'라는 말은 이야기꾼이 전해 온 이야기를 모은 것이라는 뜻입니다. 이런 이야기꾼을 설서인說書人이라고 부릅니다. 책을 읽어 주는 사람이에요. 그래서 옛날 그림을 보면 남녀노소가 시장 바닥에 모여 설서인이 들려주는 이야기를 듣는 장면이 있습니다. 이 사람들이 인기가 제일 좋았어요. 『삼국지』에 나오는 한 대목을 읊어 주는 거지요. 제갈량이 오장원에서 죽는 장면이라든지 적벽대전 이야기 등을 연기를 섞어 가며 구수하게 들려줍니다. 그러면 사람들이 박수 치고 환호를 보냅니다. 그리고 이야기가 다 끝나면 돈을 조금씩 주고 갑니다. 이런 사람들이었어요. 『삼국지』, 『수호지』 등은 오래전부터 민간에서 떠돌던 이야기를 설서인들이 자기 나름대로 각색해서 열심히 떠든 이야기를 정리한 작품입니다.

특히 소설 『삼국지』는 상당히 오랜 세월 동안 그들에 의해서 덧붙여진 이야기입니다. 그 안에는 윤리 관념, 도덕관념, 이데올로기까지 들어갑니다. 충성, 충효 이런 것들이 마구 들어가지요. 이것을 종합적으로 정리한 사람이 나관중羅貫中입니다. 실제로는 나관중의 창작이 아니라 민간에서 떠돌던 이야기가 설서인들에 의해 차츰차츰 쌓여 오다 한 사람에 의해 정리된 것뿐입니다. 이것이 오늘날 여러분이 보고 있는 『삼국지』이고, 여기에 이데올로기를 가미해 청나라 때 모종강毛宗崗이라는 사람이 새로운 판본을 낸 것입니다. 이문열의 『삼국지』는 모종강 판본을 가지고 자기 나름대로 설서인 역할을 해 가며 평설한 작품입니다.

객관적인 입장에 선 사람이 정확한 평가를 내릴 수 있는 것 같습니다. 앤드루 플랙스라는 학자의 이야기였습니다.

영혼을 울리는 지식

자, 이제 본격적으로 『사기』의 매력을 살펴보겠습니다. 뭐니 뭐니 해도 『사기』는 지적 만족을 줍니다. 『사기』를 한 번 읽고 나면 자신이 굉장히 유식해진 느낌을 받습니다. 책 속에 등장하는 고사성어는 단순하게 지적 만족을 넘어서서 카타르시스를 줍니다. 영혼을 정화시키는 느낌을 주지요. 관포지교 같은 이야기를 들으면 정말 감동적입니다.

관포지교는 관중과 포숙의 우정을 기반으로 포숙의 위대한 팔로십을 알려 주는 이야기입니다. 포숙이 자신에게 돌아온 재상 자리를 관중에게 양보한단 말이지요. 원래 관중은 제나라 환공을 활로 쏘아 죽이려 했습니다. 환공과 관중은 정적이었지요. 그런데 포숙이 "제나라 하나만 다스리시려면 저 하나로 충분하지만, 천하의 패주가 될 야망을 갖고 계신 다면 관중 없인 안 됩니다. 그러니 저한테 주시기로 한 재상 자리를 관중에게 주십시오."라고 환공을 설득합니다. 이것이 팔로십입니다. 그리고 자신은 기꺼이 관중 밑으로 들어갑니다. 목숨을 살려 주는 것으로도 모자라서 자신의 자리까지 관중에게 양보한 것이지요. 나중에 관중이 죽으면서 유명한 말을 남깁니다. "생아자生我者는 부모요, 지아자知我者는 포숙이다." 날 낳아 주신 분은 부모지만 날 알아준 이는 포숙이라는 뜻입니다.

　이런 이야기를 들으면 '세상에 저렇게 사는 사람도 있구나.' 하고 생각하게 됩니다. 제가 어느 기업에 가서 이 이야기를 했더니 나중에 어떤 분이 손을 들고 이런 질문을 했습니다. "선생님, 그게 가능할까요? 직장에서 김 과장과 이 과장 중 한 사람이 부장으로 승진을 해야 하는데 김 과장이 능력이 있고, 이 과장의 능력이 떨어져요. 그런데 이 과장이 부장으로 승진을 합니다. 그럼 이 과장이 김 과장에게 양보해요? 이 사람이 저보다 나으니 이 사람을 부장시켜 주세요라고 말하는 사람이 있을까요? 없습니다." 그러니까 그 이야기를 하면서 저에게 그게 가능하냐고 물어본 겁니다. 그래서 제가 "그러면 이상을 포기하시겠어요?"라고 되물었습니다. 절대로 포기 못합니다. 인간의 가슴속 깊은 곳에는 고귀한 정신이 있습니다. 『사기』는 사람에게 그런 정신을 끌어냅니다. 『사기』는 사람을 착하게 만듭니다. 거기다 지적 쾌감, 카타르시스까지 선사하지요.

　일단 『사기』에 등장하는 단어를 살펴보며 지적 만족부터 느껴 보겠습니다. '거열'車裂은 수레로 찢는다는 뜻입니다. 거열형은 고대 형벌 가운데 가장 참혹한 형벌입니다. 『사기』

에 나오는 상앙商鞅이라는 유명한 개혁가가 나중에 이 형벌을 받고 죽습니다. 네 마리의 말이 끄는 수레에 사지를 묶고 다른 방향으로 달리게 하는 형벌입니다. 어떤 경우에는 목에도 줄을 매고 잡아당겨서 머리를 끊어 놓았습니다. 그래서 '오마분시'五馬分屍, 다섯 마리 말이 시체를 나눈다는 유명한 고사성어가 파생되었지요.

그다음으로 '견자'犬子, 개새끼라는 말도 『사기』에 나옵니다. 개새끼가 욕으로 쓰인 것은 아닙니다. 사마천과 동시대에 살았던 사마상여司馬相如라는 유명한 문장가가 있었어요. 이 문장가의 별명이 개새끼였습니다. 옛날에 시골에서 귀한 아들을 낳으면 오래 살라는 뜻에서 거꾸로 천하게 개똥이라 불렀잖아요. 그게 이것과 같은 경우입니다.

우리가 사용하는 '공화'共和라는 단어도 『사기』에 나옵니다. 그 옛날에도 공화 정치가 이루어졌습니다. '미인'美人이라는 단어도 나옵니다. 아름다운 여자뿐 아니라 여자의 벼슬을 가리키는 말이었습니다. 궁궐에 들어가면 여자들에게 품계를 주는데 3위나 4위쯤 되는 품계가 미인이었습니다.

『성서』에 많이 나오는 '반석'盤石이라는 말과 부모의 나라, '부모국'父母國이라는 단어도 『사기』에 등장합니다. 일의 실마리라는 뜻의 '사단'事端, 천하를 석권한다고 할 때의 '석

권'席卷, "비싼 밥 먹고 헛소리하지 마라. 식언하지 마라." 할 때 '식언'食言이라는 단어도 『사기』에 나옵니다. '염치'廉恥, '완벽'完璧, '요령'要領, '잠실'蠶室도 『사기』에 나오는 유명한 말입니다.

'주재'主宰는 자신이 주도권을 잡는다는 의미로 사용되고 있는데 원래는 고기를 골고루 나눈다는 뜻입니다. 유방을 도와 한나라 건국에 큰 공을 세운 인물 가운데 진평陳平이라는 사람이 있습니다. 진평이 젊은 날 상갓집에 가서 고기를 나누어 주었대요. 옛날에는 상을 다 치르고 나면 고기를 나누어 주었는데 그때 진평이 고기를 골고루 잘 나누었답니다. 이런 것을 주재한다고 이야기합니다. 여기서 나온 유명한 사자성어가 '진평분육'陳平分肉이에요. 진평이 고기를 나눈다는 뜻입니다. 진평이 상갓집 고기를 나누듯이 공평하게 뭔가를 잘 분배할 때 진평분육이라는 말을 사용하고, 덧붙여 진평은 상갓집에서 고기 나누는 일을 하면서 "내가 천하도 이렇게 잘 나눌 수 있을 텐데."라고 이야기했습니다. 재상이 되고 싶다는 본인의 야심을 감추지 않은 겁니다.

'지음'知音이라는 말은 소리를 안다는 뜻입니다. 사마천이 「보임안서」에서 '백아절현'伯牙絶絃이라는 유명한 사자성어를 소개합니다. 초나라의 유명한 귀족이었던 백아는 거문고 연주의 대가였습니다. 항상 거문고를 들고 다니며 연주를 했는데 자신의 연주 경지를 알아주는 사람이 없었어요. 그래서 늘 산속에 들어가 혼자 연주했습니다.

그러던 어느 날, 지나가던 농부 하나가 백아의 연주를 듣고는 평을 합니다. "어허, 그 거문고 연주 참 고산유수高山流水로구나." 그런데 마침 백아가 그날 자신의 연주에 고산유수라는 제목을 붙여야겠다고 생각하던 참이었어요. 초반부는 높은 산처럼 힘차게 연주하다가 후반부는 흐르는 물처럼 부드럽게 마무리하고 딱 끝내려는데 어떤 농부가 고산유수라고 말하며 지나가는 겁니다. 백아가 깜짝 놀랐지요. 평생 그렇게 연주를 많이 했는데 한 번도 자신의 연주를 정확하게 꼬집어 준 사람이 없었단 말이지요. 그래서 그 농부를 불러 통성명을 합니다. 농부의 이름은 종자기鐘子期였습니다. 그렇게 두 사람이 친구가 됐어요. 시간만 나면 기별을 보내서 종자기를 불러다가 자신은 연주를 하고 종자기는 평을 하며 우정을 나눕니다.

그러던 중 백아가 다른 지역으로 전근을 가게 됩니다. 한 2, 3년 전근을 갔다가 고향에 돌아와서 친구 종자기를 찾았는데 만날 수 없었습니다. 그사이에 종자기가 병으로 세상을 떠났던 것이지요. 그래서 백아가 거문고를 들고 종자기의 무덤 앞에 가서는 거문고 줄을 끊고 다시는 연주하지 않겠다고 다짐합니다. 그리고 실제로 죽을 때까지 거문고를 연주하지 않았습니다. 여기서 백아가 거문고 줄을 끊었다는 뜻의 백아절현이란 성어가 나온 것입니다. 지음은 친구가 연주하는 음악 소리를 듣고 친구가 슬픈지 기쁜지 화가 나 있는지 안다는 의미예요. 인간관계의 최고 경지를 나타내는 두 글자입니다.

담양에 가면 소쇄원이라는 곳이 있습니다. 문화는 여러분이 조금만 관심을 기울이고 공부하면 다 통합니다. 소쇄원에 들어가서 울창한 대나무 숲을 지나면 왼쪽으로 개울이 나타납니다. 그리고 조금 더 가면 왼쪽에 다리가 놓여 있어요. 그런데 이 다리로 건너가면 소쇄원 감상을 잘못하시는 겁니다. 일단은 길을 따라 올라가야 해요. 경치를 감상하며 올라가서 정자를 구경하고 한참 원내園內를 감상한 뒤 들어올 때 봤던 왼쪽 다리로 빠져나와야 합니다.

그런데 왼쪽 시냇가로 가다 보면 중간쯤에 초가집으로 지은 정자가 하나 나타나요. 그 정자 이름이 대봉대待鳳臺입니다. 봉황을 기다린다는 뜻의 이 대봉대는 친구를 기다리는 곳입니다. 옛날에는 전화해서 집에 놀러 오라고 할 수가 없지요. 하인을 보내 기별을 해야 했어요. 하인에게 "가서 언제 시간 되시는지 여쭤 보고, 되신다 그러면 약속을 받아 가지고 오너라." 심부름을 보냅니다. 하인이 친구에게 다녀와서 "예. 시간 되신답니다." 하면 친구가 올 날짜에 맞춰 주인은 집안을 싹 치우고 음식을 마련한 뒤 술상을 보게 합니다. 그러고는 대봉대에서 거문고를 들고 음악을 연주하면서 친구를 기다리는 겁니다. 그럼 친구는 때맞춰 와서 사립문을 열고 들어가며 주인의 연주를 듣게 되지요. 소리를 들으면서 친구의 심경을 헤아리는 것입니다. '아, 친구가 오늘은 화가 나 있구나.' 그럼 기별을 넣어 자신을 부른 이유가 짐작이 되지요. 대봉대가 그런 역할을 하는 곳이었습니다. 이것이 바로 지음의 경지지요.

『사기』에는 '회식'會食이라는 단어가 두 번이나 나옵니다. 모여서 밥 먹자는 뜻이에요. 이때는 성과 없이 밥을 먹으면 안 됩니다. 『사기』에서는 반드시 성과를 내야 밥을 먹었습니다.

한자는 매력적인 문자입니다. 상형문자가 지금까지 사용되고 있는 나라는 중국밖에 없지요. 조개 '패'貝 자 하나만 가지고도 여러분이 한자 여러 개를 재밌게 배울 수 있습니다.

조개는 옛날에 화폐로 사용됐습니다. 그래서 될 '화'化

자 밑에 조개 '패' 자가 붙으면 화폐 '화'貨 자가 됩니다. 그리고 조개 '패' 자 위에 나눌 '분'分 자를 붙이면 가난할 '빈'貧 자가 되지요. 재물을 나누니까 가난해지잖아요. 그 조개 '패' 자 위에 이제 '금'今 자를 붙여 보세요. 지금 당장 재물을 차지하고 싶다 해서 탐욕스러울 '탐'貪 자가 됩니다. 친구 생일에 초대받아 가면 뭐라고 인사합니까? 축하한다고 하지요. 축하할 때 '하'賀 자를 보세요. 조개 '패' 자 위에 뭐가 붙어 있어요? 더할 '가'加 자가 붙어 있지요. 그래서 축하는 말로만 하면 안 됩니다. 선물을 줘야 진짜 축하하는 것입니다.

조개 패 자 하나만 가지고도 여러분이 여러 글자를 유추할 수 있습니다. 이것이 한자의 매력입니다. 그 안에 역사와 문화가 축적돼 있어요. 한자를 배우기 어려운 이유입니다. 한자는 글자 하나가 여러 개의 뜻을 포함하고 있는 다의어이기 때문이지요. 『사기』를 통해 재미난 단어들을 배워 두시면 한자를 공부하는 데도 도움이 될 것입니다.

역사를 소설처럼 읽는다

『사기』에는 고사가 많이 들어 있기 때문에 사자성어 하나만 가지고도 굉장히 재미난 체험을 할 수가 있습니다. 상상 공간에 들어가서 시뮬레이션 하는 듯한 경험이라고 할 수 있겠네요. 『사기』에는 고사가 있고 스토리텔링이 있는데 이런 면이 큰 장점으로 꼽힙니다.

전국 시대 때 조나라에 염파廉頗라는 백전노장이 있었습니다. 전국 시대 말기에 최강대국은 진秦나라였습니다. 진나라가 서쪽에서 점차 동쪽으로 진출합니다. 천하 통일이 머지않아 보였어요. 그런데 진나라와 조나라는 국경이 붙어 있었습니다. 그래서 조나라가 늘 침략 대상 1순위였어요. 그걸 간신히 막아 낸 사람이 염파였습니다.

그런데 진나라 소왕이 조나라 왕에게 대대로 전하는 보물인 벽옥이 있다는 이야기를 어딘가에서 듣고는 성 15개와 바꾸자는 조건을 내걸고 사신을 보내옵니다. 조나라에 있는 벽옥을 나에게 주면 진나라의 성 15개를 주겠다는 것이었어요. 거짓말이지요. 아무리 벽옥이 좋다 하더라도 성 15개와 바꾸겠어요? 벽옥을 뺏고 싶다는 욕심을 드러낸 겁니다. 조나라 입장에서는 난감하단 말이지요. 거절했다간 진나라의 공격을 받을 것 같고 받아들였다간 벽옥만 잃을 것 같아요. 그래서 이 일을 해결할 사신을 공모합니다. 이때 임금의 측근이었던 환관 무현繆賢이 인상여藺相如라는 자신의 식객을 추천해요.

인상여가 벽옥을 들고 진나라로 갑니다. 진나라 소왕에게 옥을 바치고 성 15개 이야기를 꺼내려고 하는데 진나라 왕이 궁녀들을 불러다 구경을 시키면서 성 이야기는 입 밖에도 꺼내지 않습니다. 그러자 인상여가 소왕을 부릅니다. "임금님, 잠깐만요." 소왕이 "왜 그러느냐?"고 물으니 인상여가 "옥에 흠이 있습니다."라고 대답합니다. 그러고는 옥을 돌려받습니다. 여기서 나온 유명한 단어가 '하자'瑕疵입니다. 옥의 티라는 뜻이에요. 오늘날 상품에 흠이 있을 때 사용하는 하자라는 말의 어원입니다.

인상여가 벽옥을 돌려받은 뒤 "자, 이제 성 15개를 주십시오."라고 말합니다. 그러고는 성을 주지 않으면 이 옥을 집어 던져 깨 버리겠다고 협박합니다. 그랬더니 진나라 소왕이 성을 주겠다고 대답합니다. 다시 인상여가 "조나라 왕이 이 옥을 진나라로 보낼 때 닷새 동안 목욕재계하고 경건한 마음으로 보냈으니 당신도 닷새 동안 목욕재계한 뒤 와서 받아가라."고 이야기합니다. 그리고 성 15개를 주겠다는 문서도 가지고 오라는 말을 덧붙입니다. 옥이 탐이 난 진나라 소왕은 알겠다고 답하고는 닷새 후에 다시 나타납니다. 나타났더니 옥이 없어요. 인상여가 그사이에 옥을 조나라로 돌려보냈던 것입니다. 옥을 온전히 보전해서 조나라로 돌려보냈다는

오늘날 허베이성 한단시에 가면 인상여가 염파를
피하기 위해 마차를 돌렸던 회차항을 만날 수 있다.
모르고 지나치면 단순한 골목에 불과하지만 고사를 알면
엄청난 감동을 받을 수 있는 곳이다.

뜻의 '완벽귀조'完璧歸趙라는 사자성어가 여기서 나옵니다. 그리고 우리가 많이 사용하는 '완벽'이라는 단어 또한 여기서 파생됩니다.

인상여의 용기에 감탄한 소왕이 후한 예물을 주고 인상여를 조나라로 돌려보냅니다. 그렇게 해서 인상여가 큰 공을 세워요. 그 뒤에 인상여가 또 외교 무대에 나가 진나라 소왕을 골탕 먹이는 사건이 벌어집니다. 이처럼 인상여가 한두 차례 외교 무대에 나가 활약하는 바람에 '외무부 장관'에 임명됩니다.

다른 사람들은 괜찮은데 염파가 못 견딥니다. 자신은 평생 수많은 전투에 나가 목숨 걸고 싸워서 이제 겨우 '국방부 장관'이 됐는데 인상여는 세 치 혀를 놀려 자신과 같은 반열에 올라섰단 말이지요. 그러니까 화가 나요. 무장 입장에서는 이해가 안 가는 겁니다. 염파가 씩씩거리며 "내가 인상여를 만나면 가만두지 않겠다. 모욕을 주겠다."라고 말하고 다닙니다. 인상여는 이 이야기를 전해 듣고는 아침에 출근하다 염파의 수레가 보이면 수레를 돌려 도망칩니다. 이것이 회차 回車입니다. 허베이성 한단시에 가면 회차항回車巷이라는 이 골목이 아직도 남아 있습니다.

자, 인상여는 그렇다 치더라도 이제는 인상여의 식솔들

이 괴로워지기 시작합니다. 염파의 하인이나 식솔들에게 맞고 다니는 거예요. 주인이 도망 다니는데 하인들이 기를 펼수 있겠어요? 염파네 하인이 인상여의 하인에게 "너희 주인은 비겁한 사람이야. 용기도 없어. 그러니까 매일 도망만 다니지."라고 말하며 괴롭혀요. 그래서 인상여의 식솔이나 식객들이 전부 여기서 못 살겠다고, 떠나겠다고 농성을 합니다. 하루는 인상여가 식구들을 모두 불러 모은 뒤 일장 연설을 합니다. "내가 천하의 진나라 소왕 앞에서도 죽음을 두려워하지 않고 큰소리친 사람이다. 그런데 염파가 뭐가 두려워서 도망을 다니겠느냐. 지금 조나라는 진나라의 위협 때문에 풍전등화의 위기에 놓여 있다. 이러한 때에 무관을 대표하는 염파와 문관을 대표하는 내가 서로 반목하고 싸우면 나라가 어찌 되겠느냐. 선국후사先國後私 아니겠느냐."

여기서 인상여의 공사 구별 정신이 나옵니다. 나라를 먼저 위하고, 사사로움은 나중 일이라는 말입니다. 이 이야기를 전해 들은 염파가 고개를 들지 못할 정도로 부끄러워합니다. 자신은 질투심에 사로잡혀 인상여가 벼락출세했다고 욕을 하고 다녔는데 정작 인상여는 나라를 위하고 있었으니까요. 그래서 염파가 웃통을 벗고, 가시나무를 짊어진 채 인상여를 찾아가 죄를 청합니다. 여기서 '부형청죄'負荊請罪라는 유명한 사자성어가 나옵니다. 가시나무를 짊어지고 죄를 청한다는 뜻입니다. 그렇게 해서 두 사람은 '문경지교'刎頸之交, 목숨을 내놓아도 아깝지 않을 우정을 나누는 사이가 됐습니다. 여기서 나온 유명한 또 하나의 파생어가 '장상화'將相和입니다. 장수와 재상이 화합한다는 의미의 단어가 여기서 비롯됐습니다. 참 멋있는 남자들의 이야기입니다.

지금 중국에 가면 약 2,500년 전의 유적인 회차항을 볼 수 있습니다. 모르고 지나치면 그저 골목에 불과하지만 이 스토리를 알면 엄청난 감동을 주는 곳입니다. 사마천의 『사기』가 우리에게 감동을 주는 이유 중 하나가 이런 것입니다. 실제 현장과 접목할 수 있고, 2천 년도 더 지난 뒤인 지금 우리가 그 역사를 생생하게 느낄 수 있다는 것이지요. 그래서 저는 때때로 사마천이 종군 기자처럼 여겨지기도 합니다.

격이 다른 고사성어의 향연

이제 『사기』에 나오는 멋진 말들을 한번 보겠습니다. 『사기』는 언어의 격이 좀 다릅니다. 그래서 저는 "언격言格이 인격人格이다."라는 이야기를 많이 합니다. 말의 격이 곧 그 사람의 격입니다.

'백두여신白頭如新, 경개여고傾蓋如故.'라는 말이 있습니다. 이 글을 볼 때마다 '어쩜 저렇게 단 여덟 글자를 가지고 인간관계의 오묘함을 전달할까. 기가 막히다.'라는 생각을 합니다. '백두여신'은 머리가 허옇게 될 때까지 만났는데도 여전히 낯선 사람이 있다는 뜻입니다. '경개여고'는 지나가다 비가 와서 잠깐 처마 밑에서 비를 피하고 있는데 어떤 낯선 사람이 잠시 우산을 씌워 줍니다. '경개'라는 말이 우산을 기울여 받쳐 준다는 뜻이에요. 그래서 잠시 우산을 함께 썼을 뿐인데도 오래 사귄 친구처럼 느껴진다는 의미입니다.

악의樂毅라는 명장이 남긴 유명한 말도 있습니다. '군자교절불출악성君子交絶不出惡聲, 충신거국불결기명忠臣去國不潔其名.' 군자는 사귐을 끊더라도 친구에 관해 나쁜 말을 하지 않고, 충신은 나라를 떠나도 자기 명성을 깨끗하게 하지 않는다는 뜻입니다. 무슨 말인지 조금 이상하지요? 충신은 나라를 떠나도 자기 명성을 깨끗하게 하지 않는다는 것은 나는 잘났는데 군주가 못났다든지, 군주가 나를 알아주지 않았기 때문에 떠날 수밖에 없었다는 등의 변명을 하며 자신의 명성만 유지하려 하지 않는다는 의미입니다. 아무 말 없이 떠난다는 이야기예요. 이런 것을 요즘 말로 "쿨하다."라고 하지요. 얼마나 멋있어요. 인간관계의 경지가 이 정도는 되어야 하지 않겠어요? 우리는 돌아서면 만날 욕하잖아요. 다른 곳으로 가면서 자기를 평생 지지해 주고 도움을 주었던 곳에다 저주를 퍼붓는 인간부터 별의별 인간이 많습니다. 깊이 생각해 봐야 할 문제입니다.

'주극생난酒極生亂, 낙극생비樂極生悲.'라는 구절도 있습니다. 순우곤淳于髡이라는 유명한 유머리스트가 남긴 말입니다. 제나라 위왕이 순우곤에게 주량이 얼마나 되느냐고 물어봅니다. 그러자 순우곤이 "신은 한 말을 마셔도 취하고 한 섬을 마셔도 취합니다."라고 대답합니다. 그러고는 이렇게 덧붙입니다. "왕께서 술을 내리시면 관원들이 옆에 있어 두렵고, 더군다나 엎드려서 마셔야 하니 한 말도 못 마시고 취합니다. 귀한 손님과 함께 계신 어버이에게 꿇어앉아 받아도 두 말을 못 마시고 취합니다. 오랜만에 벗과 마시면 홀가분하고 즐거워 대여섯 말을 마실 수 있습니다. 마을 잔치에서 남녀가 섞여 앉아 주거니 받거니 하고, 손을 잡아도 흉이 되지 않는 자리라면 약간 취기가 돌 정도인 여덟 말은 마실 수 있습니다. 또 깊은 밤에 자리를 좁혀 남녀가 동석하고 신발이 서로 뒤섞이며, 술잔과 그릇이 어지럽게 흩어지고 마루 위의 촛불이 꺼진 뒤, 다른 손님은 돌려보내고 저만 남은 상황에서 얇은 비단 속옷의 옷깃이 열리면 은은한 향기에 한 섬도 마실 수 있습니다. 그러나 술이 도가 지나치면 어지럽고, 즐거움이 도가 지나치면 슬퍼집니다." 그런 다음 순우곤은 "모든 일이 이와 같습니다. 사물이란 도가 지나치면 안 되고, 도가 지나치면 쇠할 수밖에 없습니다."라고 덧붙입니다.

'도고익안道高益安, 세고익위勢高益危.' 어느 점쟁이가 권세가들에게 한 이야기입니다. 도가 높아지면 갈수록 몸과 마음이 편안해지고, 권세가 높아지면 갈수록 위태로워진다. 맞는 말이지요?

저는 『사기』에 쓰인 언어를 사마천이 바닷물을 길어 걸러낸 소금과 같은 언어라고 표현합니다. 52만 6,500자의 소금 알갱이지요. 금보다도 귀한 소금입니다.

항우가 잠시 천하의 패권을 장악합니다. 이제 천하를 손에 넣었으니 수도를 새로 정해야 하잖아요. 모든 사람이 관중 지역에 도읍을 정해야 한다고 말하는데도 항우는 자신의 고향 주변인 팽성彭城을 수도로 정합니다. 이것은 치명적인 실수입니다. 당시 식견 있는 사람 하나가 항우에 대해 '목후이관'沐猴而冠이라고 평가합니다. 목욕한 원숭이가 관을 뒤집어쓴 꼴이라는 말이에요. 항우를 원숭이에 빗대어 욕한 것입니다. 항우가 그 이야기를 듣고는 그렇게 말한 자를 잡아들여 삶아 죽입니다.

이때 항우가 자신이 고향 주변에 도읍을 정한 이유를 둘러댔는데 그 이유가 바로 '수의야행'繡衣夜行입니다. 비단옷을 입고 밤길을 걸어가면 누가 알아주느냐. 고향 주변에 도읍을 정해서 내가 잘났다는 것을 다른 사람들에게 보여 주어야 하지 않겠느냐는 말이지요. '목후이관'과 '수의야행'은 항우의 정치 감각 부족을 절묘하게 비꼬는 여덟 글자입니다.

'국지장망國之將亡, 현인은賢人隱, 난신귀亂臣貴.' 나라가 장차 망하려 하면 유능한 인재는 숨어 버리고, 나라를 어지럽히는 난신들이 귀하신 몸이 된다. 얼마나 기가 막힌 말입니까.

진秦나라 백성이 정책과 법을 신뢰하지 않자 상앙이란 사람이 '법지불행法之不行, 자상범야自上犯也.'라고 이야기했습니다. 법이 지켜지지 않는 이유는 위에서부터 어기기 때문이다. 모든 고전이 현재성을 갖는 가장 큰 이유가 이것입니다. 『사기』가 오늘날의 여러분에게도 강렬한 임팩트를 준다는 것이지요. 똑같습니다. 오늘날과 하나도 다를 게 없어요. 정책과 법에 대한 신뢰가 없으면 백성은 절대로 법을 지키려 하지 않습니다.

자, 내가 모시고 있는 리더를 잘 모르겠거든 사마천의 이 말을 꼭 기억하십시오. '부지기군不知其君, 시기소사視其所

使.' 군주를, 리더를 잘 모르겠으면 그 리더가 부리는 사람을 보라는 뜻입니다. 어떤 사람을 기용하고 있는지 보면 리더가 어떤 사람인지 알 수 있다는 말입니다.

'안위재출령 安危在出令, 존망재소용 存亡在所用.' 나라의 안정과 위기는 어떤 정책을 내느냐에 달려 있고, 나라의 존망은 어떤 사람을 쓰느냐에 달려 있다. 정책과 인재의 중요성을 기가 막히게 표현한 대표적인 명언 중 하나입니다.

'설상재' 舌尙在. 장의 張儀라는 유세가가 만날 말 잘하는 법, 유세술을 배우고 다녔습니다. 그런데 제대로 밥벌이도 못 하고 나가서 얻어맞고 와요. 마누라가 만신창이가 돼서 돌아온 남편을 보고는 "어이구, 그러게 그런 공부는 뭐 하러 한답니까. 밥벌이도 못 하면서."라고 구박합니다. 그랬더니 장의가 마누라에게 혓바닥을 쑥 내밀고는 "혓바닥은 있나?"라고 물어봐요. "혓바닥은 그대로 있네." 하니까 "그럼 됐어."라고 말합니다. 혀가 그대로 있다는 말이 한자로 '설상재'입니다. 유세가의 생명은 말을 하는 혀에 있지요. 제가 웃으면서 그런 이야기를 합니다. 요즘 같으면 유세가는 혓바닥에 보험을 들었을 것이라고요.

'신취요식' 晨炊褥食이란 말도 있습니다. 글자가 조금 어렵지요? 새벽에 일어나서 밥을 지어 먹었다는 뜻입니다. 어떻게 하고 밥을 먹어요? 이불을 뒤집어쓰고요. 한신은 젊은 날 건달이었습니다. 그래서 아침마다 오늘날로 치면 이장 자리에 있던 친구 집에 가서 밥을 얻어먹었어요. 그러니까 누가 싫어해요? 친구 마누라가 싫어하지요. 한창 애가 자라고 있는데 허우대 멀쩡한 장골이 와서 아침밥을 먹고 가니까 애들이 먹을 게 없어요. 그래서 새벽에 애들을 깨워서 이불을 뒤집어쓰고 밥을 먹었대요. 한신은 결국 그 친구와 절교합니다. 그런데 나중에 왕이 돼 돌아와서는 그 친구를 찾아가 후하게 갚았대요.

통치의 본질은 어디에 있느냐? 사마천은 이렇게 이야기합니다. '재지인在知人, 재안민在安民.' 사람을 아는 데 있고, 백성을 편안하게 만드는 데 있다. 통치의 본질이 별다른 게 아닙니다.

'창름실이지예절倉廩實而知禮節, 의식족이지영욕衣食足而知榮辱.' 관중이 남긴 유명한 말입니다. 관중의 말을 사마천이 인용합니다. 창고가 가득 차야 예절을 알고, 입고 먹는 것이 넉넉해야 영예와 치욕을 안다는 뜻입니다. 얼마나 절묘한 말입니까. 위정자들이 백성에게 영예와 부끄러움을 알게 해 줬으면 좋겠습니다.

관중은 부민부국富民富國을 말했습니다. 우리는 예전에

늘 부국강병富國强兵을 이야기했잖아요. 백성은 어디 가고 없었습니다. 그런데 관중은 부민부국을 주장했어요. 백성을 부유하게 해야 나라가 부유해진다는 것을 확실하게 알았던 사람입니다. 관중은 왕보다 호화스럽게 살았습니다. 40년 동안 재상을 했는데 백성 중 어느 누구도 관중에게 욕을 하거나 손가락질하지 않았어요. 왜 그랬을까요? 백성을 부자로 만들어 줬거든요. 관중의 경제 정책으로 제나라가 일류 강대국이 됐습니다. 일류 강대국으로 성장한 밑바탕에는 백성의 부가 있었던 것이지요.

사마천은 「화식열전」에서 정치의 다섯 단계를 논합니다. 첫째, '고선자인지'故善者因之. 정치를 잘하는 최고의 경지는 그대로 내버려 두는 것, 인연 가는 대로 내버려 두는 것이라는 뜻입니다. 백성을 가만히 두라는 말이지요. 둘째, '기차이도지'其次利道之. 이익으로 백성을 이끄는 것입니다. 셋째, '기차교회지'其次教誨之. 가르치려 드는 것입니다. 가르쳐서 깨닫게 하는 정치입니다. 우리가 하는 민방위 교육 같은 형식적이고 재미없는 관제 교육을 생각하시면 됩니다. 넷째, '기차정제지'其次整齊之. 가지런히 일사불란하게 바로잡으려 하는 정치입니다. 이때부터 독재로 들어갑니다. 다섯째, 가장 못난 정치는 '최하자여지쟁'最下者與之爭. 백성과 더불어 싸우는 것입니다. 정치 수준의 다섯 단계를 이처럼 통렬하게 갈파했습니다.

이 외에도 인생에 관한 좌표를 제시한다든지 우리 인생을 되돌아보게 만드는 명구가 많습니다. 먼저 '대복부재'大福不再. 큰 복은 두 번 오지 않는다는 뜻입니다. 준비하고 노력하는 사람만이 기회를 잡을 수 있습니다. 기회를 잡아서 자기 자신을 좀 더 나은 쪽으로 발전시켜야지 그 상황에 안주해서 또 오겠지 하고 마냥 기다리면 복을 얻을 수 없습니다.

'대명지하大名之下, 난이구거難以久居.'라는 말도 있습니다. 큰 명성 아래에선 오래 머무르기 어렵다는 이야기입니다. 큰 명성을 얻으면 그 명성을 지키기 위해 더 많은 노력을 기울여야 하는데 그렇지 않고 안주하면 언젠가는 명성이 화가 되어 돌아온다는 뜻입니다. 부귀영화를 누리거나 명성을 얻으면 그 자리에 있으려 하지 말고 새로운 단계로 나아가든지 떠나든지 물러나야 합니다.

'구수존명불상'久受尊名不祥도 같은 말입니다. 존귀한 명성을 오랫동안 받는 것은 상서롭지 못하다는 뜻입니다. 명성을 얻는 것은 좋은 일인데 뭐가 상서롭지 못하냐고 생각할 수 있습니다. 여기선 명성을 얻는 기간에 대한 부분을 지적하는 것입니다. 명성이 오래가면 주변 사람들의 시선, 시기,

질투 등 여러 가지가 작용합니다. 따라서 여기에 자기 수양이 첨가되지 않으면 결과적으로 이것이 모두 화가 돼 돌아온다는 것이지요.

장량 사당에 가면 '성공불거'成功不居라는 글자가 적혀 있습니다. 성공하면 그 자리에 머무르지 말라는 말입니다. '공성용퇴'功成勇退. 공을 이루면 용감하게 뒤로 물러나라. 인생은 브레이크를 잘 밟을 줄 알아야 한다는 것이지요. 액셀만 밟으며 살다 보면 언젠가는 기름이 다 떨어지고, 충돌할 수밖에 없습니다. 적절하게 브레이크를 밟고 서서 뒤를 돌아볼 수 있는 여유를 가져야 합니다.

'명성과실'名聲過實. 우리나라에는 특히 이런 사람이 많습니다. 들리는 명성이 실제보다 지나친 사람들. 대한민국에는 두 가지 학력이 있습니다. 진짜 학력學力이 있고, 남에게 보이는 학력學歷이 있어요. 우리나라는 뒤의 학력으로 살아가는 세상입니다. 그래서 어느 학교 나왔느냐, 어느 지역 출신이냐, 몇 살이냐 이런 것부터 따집니다. 아무 상관없는 잣대를 들고 와서는 그것으로 젊은이들을, 자라나는 새싹들을 밟아 버려요. 학력에는 힘 '력'力 자가 바탕이 돼야 하는데 이력서에 들어가는 '력'歷 자만 잔뜩 늘어놓습니다. 어디에 갔었고, 어떤 자격증을 땄고, 뭘 했고 이런 것을 구구절절 써 놓아요. 그런데 자세히 살펴보면 대부분이 허방이지요. 이런 것이 바로 명성과실, 명성이 실제를 앞지른 경우입니다.

'벌공긍능'伐功矜能. 조금 어려운 단어이긴 합니다만, 이런 사람도 많습니다. 자기 공적과 능력을 떠벌리고 돌아다니는 사람입니다. 사마천은 이런 짓 하지 말라고 이야기합니다.

'불강기지不降其志, 불욕기신不辱其身.' 선비는 그 뜻을 떨어뜨릴 수 없고, 그 몸을 치욕스럽게 만들 수 없다. 절개가 굳은 사람은 의지를 꺾을 수 없으며 몸에 치욕을 가할 수 없다는 뜻입니다. 지금 세상이 필요로 하는 인재가 바로 이런 사람입니다.

'사위지기자사士爲知己者死, 여위열기자용女爲悅己者容.'은 「보임안서」를 포함해 『사기』에 세 번이나 등장합니다. 당시 유행하던 속담으로 보입니다. 이 말 속에 등장하는 '사'士는 우리가 흔히 생각하는 조선 시대의 선비가 아니고 춘추 시대를 기점으로 해서 나타난 새로운 계층입니다. 자신의 땅을 가지고 있고, 문무를 겸비한 사람들이었습니다. 공자도 이 사 계층이었어요. 이들은 평민 계층에 해당했는데 춘추 전국이라는 550년간의 격변기를 거치며 주도층으로 성장합니다. 그래서 진한 시대에 들어오면 이 사 계층이 사회의 주류가 됩니다. 춘추 전국 시대에는 계층이 완전히 뒤집어집니다. 종래의 귀족이 전부 사 계층으로 대체되는 과정이었습니다. 일단 선비로 번역을 해 보겠습니다. 선비는 자신을 알아주는 사람을 위해 목숨을 바치고, 여자는 자기를 기쁘게 해 주는 남자를 위해 화장한다는 말입니다.

'도리불언桃李不言, 하자성혜下自成蹊.' 이 여덟 글자 역시 속담입니다. 제가 가장 좋아하는 글귀이기도 합니다. 복숭아나무와 오얏나무는 말이 없지만 그 아래로 절로 길이 난다는 뜻입니다. 사마천이 자신이 가장 존경하는 장수 이광李廣에게 보낸 일종의 레퀴엠입니다. 복숭아나무와 오얏나무는 말이 없지만 그 밑으로 길이 나는 이유가 뭘까요? 맛있는 열매를 주렁주렁 매달아 놓으면 사람들이 열매를 따 먹으러 저절로 찾아오듯이 사회 지도층도 실력과 인품을 갖추면 사람들이 알아서 존경하고 찾아온다는 의미입니다. 리더는 모름지기 이런 사람이 되어야겠지요.

사마천은 무엇을 말하려 했을까?

『사기』가 다른 역사책과 달리 재미있고, 의미심장한 이유 중 하나는 사마천이 대개 한 인물의 전기 앞에 그 사람의 미래를 암시하는 에피소드를 장치했다는 데 있습니다. 예를 들면 항우와 유방이 진시황의 행차를 보고 보인 반응이 「고조본기」高祖本紀와 「항우본기」項羽本紀 앞에 기록돼 있습니다. 항우는 요즘 식으로 말하면 "저놈의 자리를 내가 차지해야지."라고 이야기합니다. 유방은 "야, 남자가 저 정도는 돼야지."라고 말합니다. 이 두 반응은 기질의 차이에서 나온 것이기도 하지만 리더로서 리더십의 문제와 연계시켜 볼 때 상당히 중요한 시사점을 가집니다.

항우는 현상 집착형 리더입니다. 진나라가 초나라를 멸망시켰다는 원한에 사로잡혀 그 자리에만 집착하고 있습니다. 그래서 언젠가는 저 자리를 뺏겠다고 생각하는, 현상에만 집착하는 리더입니다. 반면 유방은 있는 그대로를 인정합니다. 대장부가 저 정도는 돼야 한다고 부러워하잖아요. 이런 사람을 현상 인정형 리더라고 합니다. 현상을 있는 그대로 인정하느냐 인정하지 못하느냐는 어떤 상황이 닥쳐서 문제를 해결할 때 상당한 차이가 있습니다. 그래서 현상 집착형 리더는 자연스럽게 현상 부정형 리더로 발전합니다. 즉 지금 자신에게 닥친 위기 상황조차 인정하지 않으려 하는 것이지요.

기업을 경영하는 사람 중에는 내일모레 부도가 날 게 뻔

현상 집착형 리더였던 항우(왼쪽)와 현상 인정형 리더였던
유방(오른쪽). 유방이 현상을 인정하고 문제점을 찾아가는
스타일이었다면 항우는 현상을 부정한 채 무엇이 문제인지 찾지
못하는 스타일이었다. 사마천은 「고조본기」와 「항우본기」를
통해 이 둘의 기질의 차이를 단 두 마디 말로 절묘하게 암시했다.

한데도 걱정 없다고, 끄떡없다고 큰소리치는 사람이 있습니다. 자신의 잘못을 인정하지 않고, 현상 자체를 인정하지 않는 현상 부정으로 가는 것입니다. 그래서 나중에 항우가 유방에게 패한 뒤 뭐라고 합니까? "내가 싸움을 못해서 진 것이 아니라 하늘이 나를 멸망시키려고 작정을 한 것이다." 이렇게 간다고요. 이건 현상 부정이지요.

사마천이 그 짧은 두 마디 말 속에 항우와 유방의 향후 운명을 암시했습니다. 이것이 사마천의 절묘함입니다.

그런데 재미나게도 항우의 젊은 날 에피소드가 하나 더 기록돼 있습니다. 항우는 뭐든지 배우면 시작은 있는데 끝이 없었어요. 숙부가 따라다니며 글을 가르쳤는데 중간에 그만둡니다. 숙부가 공부를 왜 그만두느냐 물었더니 "이름만 쓸 줄 알면 됐다."고 대답합니다. 그다음에는 검술을 가르칩니다. 그랬더니 이것도 배우다 중간에 그만둬요. 이건 또 왜 그만두느냐 물었더니 "내 몸 하나만 지키면 됐다. 나는 만인을 상대할 수 있는 병법을 배우고 싶다."고 대답합니다. 숙부가 이 말을 듣고는 '이놈 봐라. 큰 뜻을 품고 있구나.'라고 생각하며 굉장히 기특해합니다. 그러고는 병법을 가르쳐 줘요. 그런데 이것도 중간에 포기합니다. 즉 항우는 끝장을 보는 법이 없는 사람이었습니다. 그래서 단 한 번의 패배를 견

디지 못하고 스스로 목숨을 끊어 인생을 마감합니다.

이것이 『사기』의 장치입니다. 곳곳에 은유, 암시, 복선 등을 배치해 독자들이 예견할 수 있게 합니다. 때로는 똑같은 단어를 반복함으로써 '아, 뭔가를 끌고 가고 있구나.'라는 것을 느끼도록 합니다. 예를 들면 나라의 제사에 관한 기록인 「봉선서」가 있습니다. 그리고 사마천이 모셨던 황제 무제에 관한 기록인 「무제본기」武帝本紀가 있습니다. 「무제본기」에 무제의 업적이나 공적을 기록하지 않고 「봉선서」를 그대로 가져다 인용합니다. 앞부분 몇 십 자만 제외하고 「봉선서」를 통째로 베낀다고요. 전부 다 제사 지내는 미신 이야기입니다.

그런데 이 「봉선서」를 하나로 꿰는 재미난 표현이 있습니다. 우리 식으로 이야기하면 '그런 것 같기도 하고 아닌 것 같기도 하다.'는 의미의 어조사가 문장 끝에 붙어 있다는 것입니다. 이런 표현을 통해 미신을 풍자하는 것이지요. '그랬다고 하더라.'라는 말을 굉장히 비꼬는 투로 붙여 놓습니다.

이렇게 사마천은 자신이 모셨던 무제가 얼마나 미신에 빠져 있었는가를 보여 주기 위해 두 가지 장치를 합니다. 하나는 아예 황제의 업적을 빼 버리는 거예요. 그러고는 「봉선서」를 그대로 가져다 재인용함으로써 미신에 몰두했던 황제의 행적을 신랄하게 조롱한 것입니다. 얼마 전까지만 해도 무제에 관한 기록이 없어졌다고 이야기했습니다. 무제가 자신을 비판한 내용을 보고는 화가 나서 삭제시켰다는 설이 주를 이뤘습니다. 그런데 이 주장은 설득력을 얻지 못했습니다. 무제의 할아버지인 한고조 유방에 대해서도 비판을 했는데 그것은 놔두고 자신의 기록만 뺐을까요? 없애려면 통째로 없앴겠지요. 앞에서도 말씀 드렸다시피 당시에는 사마천의 비판 정신을 충분히 수용할 만큼 자유로운 분위기가 있었습니다.

이렇듯 『사기』에는 사마천이 숨겨 놓은 의도를 찾아내는 재미가 있습니다. 어쩌면 제가 이 책을 28년째 손에서 놓지 못하고 있는 이유도, 『사기』가 고전의 반열에 오른 이유도 여기에 있는지 모릅니다. 읽을 때마다 새롭거든요.

시대를 앞서 나가다

『사기』의 또 다른 매력은 진취적이고 진보 정신이 투철하다는 점입니다. 『사기』를 기점으로 중국의 역사책은 시대 정신이나 역사관이란 면에서 후퇴했다고 이미 말씀 드렸습니다.

『사기』에는 「흉노열전」匈奴列傳을 비롯해 「조선열전」, 「서남이열전」西南夷列傳 등 외국에 관한 기록이 있습니다. 사마천은 당시 중국을 중심으로 한 주변국들의 상황을 기록하며 『사기』가 세계사로 남기를 꿈꾸었습니다.

『사기』에는 재미난 기록이 많습니다. 백성을 잘 보살피고 다스렸던 관료들에 관한 기록인 「순리열전」循吏列傳, 백성을 못살게 굴었던 악독한 공무원들에 관한 기록인 「혹리열전」酷吏列傳, 권력자에게 아부했던 사람들에 관한 기록인 「영행열전」佞幸列傳 등이 있습니다. 이 「영행열전」은 나중에 '간신열전'으로 발전합니다. 「영행열전」이 간신의 효시예요. 「영행열전」은 달콤한 말로 아부해서 황제에게 귀여움을 받았던 사람들의 이야기인데 재미난 사실은 여기에 황제들의 동성애 기록이 꽤 많이 보인다는 것입니다. 동성애를 남총男寵이라고 하는데, 남자를 총애했다는 뜻입니다. 『사기』가 참 살벌합니다. 권력자의 성적 취향까지 대놓고 이야기한단 말이지요.

『한서』에는 옷소매를 끊는다는 뜻의 '단수'斷袖라는 단어가 있습니다. 한나라의 황제 애제哀帝가 동현董賢이란 미남자를 아주 좋아했어요. 그래서 둘이 만날 잠자리를 같이했습니다. 어느 날 아침에 애제가 사냥을 가려고 일찍 일어났는데 보니까 남자 친구가 자기 옷소매를 몸으로 누른 채 곤히 잠들어 있는 거예요. 옷이 안 빠져서 나갈 수가 없잖아요. 그래서 남자 친구의 잠을 깨우지 않고 나가기 위해 옷소매를 잘라 버립니다. '단수'는 동성애를 가리키는 유명한 단어입니다. 이 글자를 보고 단순히 옷소매를 잘랐다고 해석하시면 안 됩니다. 참 별 이야기가 다 있지요?

「골계열전」滑稽列傳의 골계라는 것은 문학 용어이자 미학 용어이기도 합니다. 골계미라는 것이 있지요. 우리가 잘 알고 있는 풍자, 해학, 유머를 구사했던 사람들에 대한 기록입니다. 오늘날로 치면 코미디언에 대한 기록이에요. 정말 놀랍지요? 저는 이 기록을 볼 때마다 슬퍼집니다. 사마천은 성기를 자르는 형벌을 자청하고 살아남아서 『사기』를 완성한 사람이잖아요. 『사기』 전편이 슬픔으로 점철되어 있을 것 같은데도 웃음을 잃지 않거든요. 사마천의 정신력이 얼마나 강했는가를 뼈저리게 느낍니다.

이 「골계열전」의 첫 번째 대목이 '담언미중談言微中, 역가이해분亦可以解紛.'이라는 말로 시작합니다. 말이 적절하면 분쟁도 해결할 수 있다는 뜻입니다. 사마천은 '사람이 어떻게 먹고 입고 예의만 차리며 살 수 있느냐. 그러면 인생이 재미없다.'라고 이야기합니다. 그러면서 적절한 표현과 적절한 말을 통해 싸움도 해결하고 상대편에게 기쁨도 줄줄 알아야 인생이 즐겁지 않겠느냐고 말합니다. 사마천은 유머를 높이 평가했습니다. 「골계열전」에 나오는 인물들은 권력자에게 풍자적인 충고를 함으로써 권력자의 마음을 녹임과 동시에 분위기를 부드럽게 풀어 주는 역할을 합니다. 독재자로 알려진 진시황 같은 인물도 유머를 할 줄 알았어요.

「골계열전」에 진시황이 난쟁이 광대 우전優旃의 충고를 받아들이는 이야기가 나옵니다. 한번은 진시황이 황가의 동물원과 식물원을 크게 넓히려 했습니다. 그러자 우전이 "잘 하셨습니다. 이제 금수들을 잔뜩 풀어놓은 뒤 도적이 쳐들어 오면 고라니와 사슴뿔로 막게 하면 되겠네요."라고 빈정거립니다. 우리 생각으로는 진시황이 당장 우전의 목을 뱄을 것 같지만 그러지 않았습니다. 우전의 충고를 받아들여 그 일을 당장 중지시킵니다. 의외지요? 이처럼 「골계열전」은 여러 면에서 대단히 중요하고 의미 있는 기록입니다.

「일자열전」日者列傳은 점쟁이들에 대한 기록입니다. 아주 비천한 신분인 점쟁이들이 실제로는 강호의 고수라는 것을 보여 주는 부분입니다.

「편작창공열전」 또한 대단히 중요한 기록입니다. 이 기록이 빠지면 중국 의학사가 구성이 안 될 만큼 중요한 위치를 차지하고 있습니다. 우리나라 사람들은 중국의 유명한 의사 하면 『삼국지』에 나오는 화타만 이야기하는데 『사기』에 나오는 편작은 죽은 사람도 살린다고 하는 명의입니다. 침, 뜸, 탕, 외과 수술, 산부인과, 소아과 기록이 다 나옵니다. 따라서 의학사에 빠질 수 없는 기록이고, 또 재미있는 것은 의료술 자체를 철학으로 승화시키고 있다는 점입니다. 편작은 육체의 병뿐 아니라 마음의 병에 대해서도 많은 이야기를 했습니다. 오늘날로 이야기하면 정신병에 대해 꽤 많은 말을 남겼는데 그중에서도 여섯 가지 불치병 이야기가 유명합니다. "여섯 가지 불치병 가운데 제일 심각한 건 환자가 의사의 말을 듣지 않는 것이다." 이미 이 사람이 지적한 부분입니다.

「자객열전」은 잘 아시지요? 킬러, 테러리스트에 대한 기록입니다. 그 가운데에서도 가장 유명한 자객은 형가荊軻입니다. 진시황을 암살하려다 실패한 인물이에요. 『사기』의 매력이 이런 데 있습니다. 형가의 이야기로만 끝나지 않습니다. 여러분 영화 보시면 영화가 다 끝난 뒤 마지막에 여운을 남겨 주는 장면들이 나오잖아요. 앞에 나왔던 암시 장면이 뒤에 살짝 다른 형태로 반복된단 말이지요.

「자객열전」의 형가 편은 기가 막힙니다. 완전히 영화예요. 위나라 출신인 형가가 여기 저기 떠돌다 연나라로 와서 연나라 태자 단에게 진시황을 암살해 달라는 청탁을 받습니다. 그러고는 후한 대접을 받아요. 그리고 그곳에서 축 연주의 대가인 고점리高漸離라는 사람과 친구가 됩니다. 축은 가야금이나 거문고처럼 생긴 악기인데 작대기를 들고 떵떵 치며 연주합니다. 이 축을 연주하는 고점리와 친구가 되어 허구한 날 주막에서 술 마시고 노래 부르며 방약무인傍若無人, 옆에 사람이 없는 것처럼 떠들고 마시고 놉니다.

형가가 진시황 암살에 실패한 뒤 진시황이 형가와 관련된 모든 사람에게 수배령을 내립니다. 진시황은 뒤끝이 심한 사람이었어요. 진시황은 조나라 수도 한단에서 태어났습니다. 남의 나라인 조나라에서 태어나 아홉 살까지 살았어요. 그때 자신의 어머니와 자신을 괴롭혔던 사람들을 나중에 찾아가서 다 죽입니다.

이런 진시황이 형가와 관계된 사람들을 잡아서 전부 죽이라고 명합니다. 이 소식을 들은 고점리가 잡히지 않기 위해 신분을 위장하고는 술집에 들어가 점원 노릇을 합니다. 그런데 술 마시러 온 손님들이 흥이 나면 자기들끼리 마구 축을 연주하는 거예요. 고점리가 가만히 듣는데 너무 어설퍼서 마음에 안 들어요. 그래서 "놔둬 봐라. 내가 해 볼게." 하고는 연주복으로 갈아입고 축을 연주하기 시작합니다. 아마도 죽은 형가를 생각하며 연주했겠지요. 술집에 술 마시러 온 사람들이 고점리의 연주를 듣고는 모두 눈물을 흘리며 슬퍼합니다. 그 정도로 축 연주의 대가였습니다.

그런데 문제는 이 일로 소문이 퍼졌다는 겁니다. 결국 이 소문이 진시황의 귀까지 들어갑니다. 진시황도 참 보통 사람이 아닌 것이, 고점리를 잡아 죽이지 않고 궁으로 데려오도록 합니다. 그러고는 눈을 멀게 해요. 장님으로 만들어 자기 옆에 두고 축을 연주하게 합니다. 하루는 고점리가 축에다 납덩어리를 잔뜩 집어넣고는 연주하는 척하다가 축을 들어 진시황의 머리를 가격합니다. 그런데 눈이 안 보여 실패하고 말아요.

「자객열전」의 주인공은 형가지만 이 형가의 여운이 고점리로 이어집니다. 고점리가 연주하는 축의 가락을 따라 형가 편이 이어진다고 생각하시면 됩니다. 역수易水를 건너갈 때 「역수가」라는 노래를 부르거든요. "바람은 쓸쓸하고, 역수는 찬데, 장사 한 번 가면 다시 오지 못하리."라고 시작하는 짧지만 강렬한 노래를 부릅니다. 이때도 고점리가 축을 연주합니다. 처음에 둘이 만나 방약무인으로 술을 마시고 축을 연주하며 노래 부르는 장면에서 형가가 진시황을 암살하기 위해 떠나며 역수에서 이별하는 역수가의 장면으로 이어

오늘날 허베이성 이현(易縣)의 역수 강가에는 형가탑이
남아 있다. 형가는 연나라 태자 단의 청탁을 받고 진시황을
암살하기 위해 진나라로 떠난다. 형가가 역수를 건널 때
「역수가」를 부르자 고점리가 축을 연주했다.

지지요. 그러고는 술집에서 고점리가 죽은 형가를 생각하며 축을 연주함으로써 주변의 모든 사람을 울게 만드는 장면으로 갑니다. 그리고 다시 진시황 옆에서 이제나 저제나 진시황을 죽일 기회를 잡기 위해 연주하는 고점리의 모습까지, 결국은 진시황을 내려치는 장면까지 이어집니다. 이 모든 장면을 머릿속에 쭉 그려 보세요. 한 편의 영화 같지요. 시나리오가 따로 없습니다. 이런 감동을 주는 것이 『사기』이고, 이것이 『사기』의 매력 중 하나입니다.

「화식열전」은 앞에서도 잠시 언급했듯이 저주받은 걸작입니다. 『사기』 130권 가운데 가장 욕을 많이 먹었으면서도 지금은 기적과 같은 한 편으로 평가받는 기록입니다. 어떻게 2,100여 년 전에 장사꾼 이야기를 역사책 속에 집어넣을 생각을 했을까. 한번 생각해 보세요. 우리나라에서 상인 이야기를 역사책에 집어넣기 시작한 것이 1980년대 이후입니다. 당시 사회과학책이 엄청나게 유행했습니다. 조선 중후기의 상인 계층에 관한 연구가 1980년대 들어와서 시작돼요. 그런데 사마천은 2,100여 년 전에 이미 장사 이야기를 썼어요. 대단하다고밖에 할 수 없지요.

더구나 자본주의 체제를 바탕으로 돌아가고 있는 오늘날에는 이 「화식열전」에 대한 관심이 더 커질 수밖에 없습니다. 여러분도 돈 많이 버는 법, 부자 되는 법 등에 관심 많으시잖아요? 따라서 다음 시간에는 이「화식열전」을 자세히 살펴보며 오늘날 우리가 올바르게 돈을 벌고 쓰려면 어떻게 해야 하는지 이야기해 보겠습니다.

『사기』의 경제관

인간답게 부자 되기

『사기』에 나오는 경제 의식이 오늘날 우리에게 던져 주는 메시지가 상당히 많습니다. 사마천은 돈이 무엇인지 그리고 돈과 인간의 관계, 경제와 정치의 관계는 어떤지를 이야기했습니다. 우리는 사마천이 이야기한 경제 문제를 살펴보면서 경제가 우리 삶에서 어느 정도의 비중을 차지해야 하며, 이 문제를 어떻게 조화롭게 조정해야만 돈의 노예가 되지 않고, 탐욕에 물들지 않고 인간답게 살 수 있을 것인지 고민해 보겠습니다.

사마천의 경제관을 한마디로 요약하면 딱 이렇습니다. '부는 인간의 본성이라 배우지 않아도 모두 추구할 수 있다.' 여기서 부라는 것은 돈뿐 아니라 삶의 여유 같은 것을 모두 포함합니다. 사마천은 기본적으로 '몸은 편안함을 추구하고, 입은 맛있는 음식을 먹고 싶어 한다. 이는 누구나 마찬가지다. 부에 대한 추구는 인간의 본성이기 때문에 누가 가르치려 들지 않아도 다 배울 수 있다. 다만 이것을 막으려 하고, 통제하려 하는 순간 갈등이 일어나기 때문에 그 부분에 대한 인식만 제대로 갖춘다면 사람을 올바른 방향으로 부유하게 만들 수 있다.'고 생각했습니다. 참으로 옳은 생각이지요?

인간은 여타 동물과 달리 꾸미길 좋아하고, 어느 정도 마음과 몸이 편안해지면 다른 생각을 합니다. 문화, 예술 쪽으로 생각이 나아가고 여기서 조금 더 여유로워지면 세상에 대한 봉사라든지 자신을 더욱 존엄하게 만드는 다양한 방식을 추구합니다. 그런데 이런 인간의 여러 욕망 중에서도 물욕이나 탐욕 쪽으로 사람들을 몰아붙이고 또 그것이 권력과 연계되어 모든 것을 움켜쥐고자 할 때부터 사단이 일어납니다. 남에게서 빼앗아야 하기 때문에 문제가 생기기 시작하는 것입니다. 내게 주어진 적당한 선에서 만족하면 행복해질 수 있는데 끊임없이 욕망을 채우려고만 들어요. 그러니 끝이 없지요.

장량 사당에 가면 '지지'知止라는 바위글씨가 있습니다. 멈출 줄 아는 사람이었다는 뜻입니다. 멈출 줄 안다는 것이 얼마나 중요한가를 깨우쳐 주는 말입니다. 이는 정치, 권력, 경제, 부 이 모든 것에 다 적용되는 지혜입니다. 인간의 욕구나 욕망이 사실은 한도 없고 끝도 없는 것이지만 인간은 그것을 적당한 선에서 멈출 줄 아는 이성 또한 갖고 있습니다. 나라의 정책이나 사회적 기풍이 이성이 감성과 서로 조화를 이루도록 해야 하는데 지금은 그것이 전혀 이루어지지 않고 있지요. 현재 우리 사회는 부에 대한 추구가 탐욕을 넘어서 끝도 없는 상황으로 치닫고 있습니다. 탐욕이 모든 것을 집어삼키는 상황이 돼 버린 거예요.

머릿속으로 생각하는 이성과 가슴으로 느끼는 감성이 충돌하고 협조하며 서로 브레이크를 걸어 주어야 하는데 그렇지 않고 이 두 가지가 함께 한 방향으로 나아가면 심각한 문제가 발생합니다. 목적이나 방향이 잘못됐을 경우 이성과 감성이 함께 잘못된 쪽으로 나아간다는 것이지요. 내가 권력만 추구해야겠다고 마음먹으면 이성도 그쪽으로 사용해 버립니다. 이성도 감성이 적정한 선에서 브레이크를 걸어 주지 않으면 끝도 없이 나가는 것이지요. 나쁜 방법을 계속 찾는 겁니다. 그리고 그 방법을 구사하기 위해 어떻게 합니까? 마음을 아주 나쁘게 씁니다. 이성과 감성이 좋지 못한 방향으로 같이 움직여 나갈 때는 세상이 굉장히 혼탁해집니다. 저는 이 둘의 균형을 어떻게 적절하게 맞출 것인가에 사마천 경제관의 핵심이 있다고 생각합니다.

중국의 10대 부자들

여러분의 흥미를 돋우기 위해 중국의 역대 10대 부자 리스트를 뽑아 봤습니다. 중국 사람들이 이런 것을 잘합니다. '10대 명장', '10대 간신'처럼 최고거나 최악이었던 부분을 부각시킴으로써 역사를 공부하는 사람들에게 경각심을 불러일으키는데, 그중에 10대 부자 이야기가 있더라고요.

먼저 유근劉瑾이라는 사람이 등장합니다. 명나라 정덕正德 연간의 환관입니다. 거물급 환관이었습니다. 『아시아 월스트리트데일리』라는 잡지에서 세계에서 으뜸가는 부자로 꼽은 인물입니다. 뇌물로 받아 챙긴 돈만 황금 33만 킬로그램, 백은 805만 킬로그램이라고 합니다. 반란군 대장이었던 이자성李自成이 베이징에 들어가서 숭정崇禎 1년 동안의 재정수입을 조사해 봤더니 백은 20만 킬로그램 정도 됐대요. 뇌물로 받은 양이 800만 킬로그램이라고 하면 40배지요? 40년 재정에 해당하는 돈을 챙겼다는 말입니다. 뇌물의 규모가 상상을 초월합니다.

중국은 세계에서 가장 먼저 수표를 만든 나라입니다. 송나라 때 이미 종이로 만든 어음이나 수표가 나와서 경제를 활성화하는 한편 인플레이션을 부추기는 주범이 되기도 했습니다. 그전에는 장사를 하려고 외지로 나갈 때 동전을 싣고 갔단 말이지요. 얼마나 힘이 듭니까. 그래서 전당포 같은 곳에다 돈을 맡겨 놓고 거기서 발행하는 수표나 어음을 가지고 전국으로 돌아다니면서 장사를 하기 시작했어요. 중국 사람들은 1천 년 전부터 그렇게 했습니다.

10대 부자 중에는 나쁜 사람이 많아요. 화신和珅이라는 청나라 건륭제 때의 거물급 탐관오리가 두 번째 부자로 이름을 올렸습니다. 건륭제는 청나라 황제 가운데에서도 상당히 정치를 잘했던 인물로 꼽힙니다. 강희康熙, 옹정雍正, 건륭乾隆, 이 세 황제가 통치한 기간을 합하면 200년 가까이 되는데 이때가 중국의 최고 전성기였습니다. 하지만 건륭제를 기점으로 청나라의 국력이 기울기 시작합니다. 청나라가 기우는 데 일조한 인물이 바로 이 화신입니다. 건륭제가 세상을 떠난 뒤 그 아들 가경제嘉慶帝가 즉위해서 화신을 제거합니다.

명나라 때 통용되던 어음 대명통행보초(大明通行寶鈔).
중국은 세계 최초로 수표를 만들어 사용한 나라이다.

그러고는 재산을 조사해 보니까 건륭제 전성기 18년 동안 정부에서 거두어들인 세금과 맞먹는 재산을 가지고 있었다는 것이지요.

　누군가가 1조 원이 얼마나 되는 돈인가 궁금해서 계산을 해 봤답니다. 그랬더니 하루에 1천만 원씩 100년을 써도 다 못 쓰는 돈이랍니다. '많기는 많구나.'라는 생각이 들더라고요. 18년 세금 수입과 맞먹을 만큼의 재산을 갖고 있었다는 것은 더 어마어마한 금액입니다. 그래서 당시에 "화신이 쓰러지자 가경이 배불리 먹었다."라는 이야기가 돌 정도였대요. 가경은 가경제를 가리킵니다. 즉 화신을 숙청하고 재산을 몰수하니 청나라 재정이 튼튼해졌다는 겁니다. 18년에 해당하는 조세 수입을 탐관오리가 받아 챙겼으니 얼마나 엄청난 금액인지 알 수 있습니다.

　민국 시대 4대 가문 중 하나였던 쑹씨 집안 잘 아시지요? 중국에서도 손꼽히는 가문입니다. 쑹아이링宋藹齡, 쑹칭링宋慶齡, 쑹메이링宋美齡 이 세 자매가 중국 최고의 지도자들을 남편으로 맞아들였어요. 쑹칭링은 쑨원孫文의 부인이 됐고, 쑹메이링은 장제스의 부인이 됐습니다. 이 세 자매의 오빠인 쑹쯔원宋子文이라는 사람이 민국 시대 때 장제스의 재정을 담당했습니다. 그러면서 엄청난 부를 챙겼는데 주로 미국에서 받아 온 차관이라든지 군수물자 같은 것들을 사적인 금고처럼 활용했던 인물입니다.

오병감伍秉鑒이라는 유명한 부자도 있습니다. 이 사람이 만든 상호명이 오호관伍浩官입니다. 청나라 광동 13행 이화행怡和行의 행주였습니다. 여기서 '행'이란 오늘날의 종합상사를 생각하시면 됩니다. 동인도회사에서 아편을 밀수해 치부한 사람입니다. 1834년에 재산이 2,600만 원이었다고 하는데 서방 사람들은 그를 '세계에서 가장 큰 상업 자본이자 천하제일의 갑부'라 불렀고, 청나라 정부가 남경 조약이라는 서양과의 불평등 조약을 맺으면서 300만 원의 외채를 상환해야 했을 때 오병감 혼자 100만 원을 냈을 만큼 어마어마한 부자였다는 기록이 남아 있습니다. 당시의 2,600만 원이 지금 어느 정도 되는지는 알 수 없습니다만 중국의 경제 규모를 따져 봤을 때 26조 정도 되지 않을까 생각합니다.

그다음으로 저 먼 옛날 한나라 초기의 등통鄧通이라는 부자가 등장합니다. 등통은 황제가 타고 다니는 전용 배의 노를 젓던 사람이었습니다. 황제가 호수 같은 데 놀러 나가면 배를 타잖아요. 그때 배를 몰았어요. 보잘것없는 일을 하던 사람이었지요. 그러던 어느 날 한나라 문제文帝가 높은 곳으로 오르려고 낑낑거리는 꿈을 꿉니다. 조금만 더 올라가면 정상에 도달하는데 그 조금을 못 올라가서 힘들어하고 있었어요. 그때 누군가가 뒤에서 등을 밀어줘 정상에 오를 수 있었습니다. 올라간 뒤에 누가 나를 밀어줬나 봤더니 누런 모자를 쓰고 겨드랑이 솔기가 터진 옷을 입고 있던 사람이었어요. 그러고는 꿈에서 깼어요. 이제 머릿속에 누런 모자와 터진 솔기가 각인이 된 것이지요. 다음 날 배를 타려는데 배의 노를 젓는 등통이 누런 모자를 쓰고 마침 솔기가 터진 옷을 입고 있었던 거예요. 꿈에서 본 그 사람을 발견한 것이지요. 그래서 문제가 등통을 옆에 두고 예뻐합니다.

등통은 문제에게 종기가 나니까 자기 입으로 그 종기를 빨아서 독을 빼낼 만큼 황제에게 아부했던 사람입니다. 문제가 아프다는 소식을 듣고 훗날 경제景帝가 되는 문제의 아들이 찾아옵니다. 문제가 아들에게 "나와 아무 관계없는 등통도 내 종기를 입으로 빨아 고름을 빼 주는데 아들인 네가 가만있으면 되겠느냐. 너도 한번 해 봐라."라고 이야기해요. 경제가 마지못해 종기를 빱니다. 사실 그렇잖아요. 아무리 부자지간이라도 지극한 효성을 가진 자식이 아니고서야 부모의 종기를 입으로 빨 수 있는 사람이 얼마나 되겠어요. 그것도 귀하신 황태자께서. 경제가 '저놈이 그런 짓만 하지 않았어도 아버지가 나에게 이런 일을 안 시켰을 텐데. 저 자식이 허구한 날 아버지 종기를 빨아 대니까 아버지가 나를 시험해 보는 거야.'라고 생각하며 등통을 미워하기 시작합니다.

문제가 등통을 얼마나 예뻐했느냐 하면 하루는 점쟁이에게 등통의 관상을 보게 합니다. 그랬더니 점쟁이가 뜻밖에도 등통이 굶어 죽을 상이라고 이야길 해요. 문제 입장에서는 내가 지금 이렇게 부귀영화를 누리도록 해 주는데 굶어 죽을 팔자라는 게 말이 안 되지요. 그래서 등통에게 동광銅鑛 개발권을 줍니다. 동광을 개발해서 동전을 찍어 낼 수 있는 권리를 준 것입니다. 이러면 굶어 죽을 일은 없을 것 아니에요. 그 정도로 문제가 등통에게 특혜를 베풀었어요. 그러니까 이 사람은 어느 정도 부자인지 알 수가 없습니다. 동광을 개발해서 찍어 내면 다 자기 돈이었으니까요. 이 돈을 '등통전'이라고 불렀습니다.

그런데 문제가 죽고 그 아들 경제가 즉위하고 보니 사태가 심상치 않거든요. 등통이 전부 다 내놓고 도망갑니다. 시골로 낙향을 해요. 하지만 경제가 그냥 놔두지 않지요. 등통의 재산을 전부 몰수합니다. 결국 등통은 이리저리 돌아다니며 빌어먹다 죽습니다. 점쟁이 예언이 딱 맞아떨어진 셈이지요. 이렇게 인생의 전반과 후반이 극과 극을 달렸던 등통이라는 부자도 있었습니다.

양기梁冀라는 동한東漢 시대의 권력가가 있습니다. 두 누이가 황후가 되는 바람에 권력을 장악해 엄청난 뇌물을 받아 챙긴 사람입니다. 황제를 독살할 만큼 막강한 권력을 지니고 있었습니다. 이 양기와 부인이 참 재미있는데요, 양기에게는 손수孫壽라는 부인이 있었어요. 그런데 이 둘은 누가 더 잘 먹고 잘사는지 내기를 하며 살았습니다. 남편이 이쪽에 집 한 채를 지으면 아내도 샘이 나서 건너편에다 집을 한 채 지었습니다. 손수가 입고 다니는 옷이나 화장품이 동한 시대 귀부인들의 유행을 선도할 만큼 손수는 사치와 향락의 대명사였습니다. 부창부수했던 대표적인 인물입니다. 환제桓帝 때 재산을 몰수당했는데 30억 냥이라는 어마어마한 금액이 나왔다는 기록이 있습니다. 지금과는 화폐 단위가 다르기 때문에 정확히 얼마인지는 알 수 없지만 상상을 초월한 금액이라는 것만은 확실하지요.

『사기』에는 부자가 여러 사람 등장하는데 그 가운데 가장 대표적인 인물이 여불위呂不韋입니다. 여불위는 자신이 가진 경제력을 이용해 진시황의 아버지를 왕위에 앉히고 그 자신 또한 진나라 국가 권력의 절반을 쥐었던 인물입니다. 아마 최초의 정경 유착 사례일 겁니다. 다른 사람들은 권력을 잡고 난 다음 부당한 방법으로 부자가 되지만 이 사람은 자신이 가지고 있는 경제력을 이용해 정치권력을 장악했습니다.

진시황의 아버지가 인질로 조나라 수도 한단에 잡혀가 있었습니다. 이 아버지의 이름이 자초子楚, 또 다른 말로 이인異人이라고 하는데 여러 아들 가운데 중간쯤 되는 아들이었어요. 죽어도 상관없는 별 볼 일 없는 아들이었지요. 그래서 인질로 조나라에 보냅니다. 조나라 입장에서도 진나라 왕실의 핏줄이긴 한데 전혀 영양가 없는 인물이다 보니 푸대접을 합니다. 자초가 허구한 날 밥도 제대로 얻어먹지 못한 채 천덕꾸러기처럼 살고 있었어요.

그러던 어느 날 장사꾼이었던 여불위가 한단에 왔다가 자초를 발견합니다. 자초를 보고는 '기화가거'奇貨可居라고 말했어요. 기이한 물건은 차지해 두라는 뜻입니다. 비싼 물건이 아니고 기이한 물건입니다. 여불위는 자초를 기이한 물건으로 본 것이지요. 일단 자기가 차지해 두면 나중에 값이 천정부지로 오를 것이라고 생각했습니다. 그래서 이인에게 투자합니다. 쉽게 이야기하면 품위 유지비를 준 것이지요. 돈을 대 주면서 저녁마다 나가 잔치를 벌이게 합니다. 당시 조나라 수도 한단에는 여러 나라의 인질들이 와 있었어요. 그 사람들과 조나라 정계의 고위 관료들을 전부 불러 모아서 밤마다 잔치를 열어 주고 인맥을 쌓게 했습니다.

조나라에서 보니까 갑자기 이인이라는 사람이 행색도 멀끔해지고 권세를 부리는 게 보통이 아닌 거예요. 그래서 이인을 다시 보게 됩니다. 여불위가 이렇게 돈을 이용해 이인의 위상을 올려놓습니다. 그러고는 진나라로 건너가 진나라 최고 권력자의 부인인 화양부인에게 로비를 합니다. 당시 화양부인의 남편인 안국군安國君이 왕위 계승자였어요. 이 사람이 왕이 되면 안국군의 아들 가운데 한 명을 후계자로 삼아야 하는데 이인은 장자도 아니고, 안국군에게 귀염 받는 아들도 아니었으니 왕위 계승자가 되는 건 꿈도 못 꿀 일이었습니다. 그런데 안국군이 가장 아끼는 화양부인에게 아들이 없었어요.

이런 걸 보면 여불위가 참 영리합니다. 여불위가 안국군이 아닌 화양부인에게 로비를 한 것이지요. 화양부인을 직접 찾아가지도 않습니다. 화양부인의 언니를 먼저 찾아갑니다. 그리고 언니에게 자기 말을 전하게 합니다. 보석, 비단 같은 선물을 주며 "여자가 나이가 들어 미모가 시들면 사랑도 시드는 법이다. 화양부인의 미모가 지금은 괜찮지만 곧 시들고 말 것이다. 안국군이 언제까지 화양부인을 사랑해 줄 것이라 생각하느냐? 젊은 첩을 얼마든지 얻을 수 있고, 임금이 되면 또 다른 여자들을 얻게 될 텐데 그때 늙은 첩을 누가 찾겠느냐? 그럼 그때까지 지금의 권세를 어떻게 유지할 것이냐? 그러니 아들이 있어야 한다."라는 말을 전달하도록 합니다. 이렇게 로비해서 이인을 화양부인의 양자로 들입니다.

화양부인은 초나라 사람이었습니다. 그래서 이인이 이름을 자초로 바꿉니다. 화양부인에게 인사 드리러 가는 날, 초나라 옷을 입고 갑니다. 정교한 안배에 따라 여불위가 화양부인을 완전히 녹여 버린 것이지요. 화양부인이 마치 친아들을 맞이하듯 자초를 반깁니다. 그다음에는 무얼 해야 할까요? 안국군에게 가서 베갯잇 송사를 해야지요. "내가 보니 자초가 훌륭하더라." 칭찬을 합니다. 그래서 결국은 자초가 후계자로 임명됩니다.

이렇게 해서 임금 자리에 오르니 이 사람이 진시황의 아버지예요. 그런데 자초는 왕 노릇을 3년밖에 못합니다. 일찍 죽어 버려요. 그리고 진시황이 열세 살 때 임금 자리에 오릅니다. 여불위에게는 이것이 덤이지요. 자초가 임금 자리에 올랐을 때도 천하 권력의 절반을 자신이 차지했는데 이제 어린 진시황이 임금이 되고 나니 진나라의 모든 권력이 여불위에게 돌아갑니다. 이것이 대상인 여불위가 정치 투기에 성공한 사례였습니다.

석숭石崇이라는 서진西晉 시대의 유명한 부자도 있습니다. 주변 상인들에게 세금 명목으로 돈을 긁어모아 부자가 된 인물인데 무제의 외삼촌인 왕개王愷라는 사람과 누가 더 잘사느냐를 두고 싸운 유명한 일화를 남겼습니다. "부가 나라에 맞설 만하다."라고 이야기할 만큼 어마어마한 부를 축적했던 사람입니다. 우리는 보통 돈 자랑 하지 말라고 이야기하는데 이 사람은 끊임없이 돈 자랑을 했어요. 나중에 녹주라는 기생에게 빠져 가산을 모두 탕진했습니다.

심만삼沈萬三이라는 사람은 원나라 말기에서 명나라 초기 때의 강남 부자입니다. 주원장朱元璋이 남경성을 수리할 때 수리비의 3분의 1을 부담했던 인물입니다. 주로 해상 무역을 통해 치부했고, 지금까지 소개한 부자 가운데 가장 정상적인 방법으로 부자가 된 사람입니다.

『사기』에 나온 부자 가운데 유명한 또 하나의 인물이 도주공陶朱公 범려范蠡입니다. 범려는 원래 정치가이자 군사가였어요. 월나라 구천勾踐을 도와 오나라를 멸망시키는 데 가장 큰 공을 세웠습니다. 그리고 월나라가 오나라를 멸망시키자마자 권력의 최정점에서 모든 것을 버리고 떠난 사람입니다.

중국 사람들은 범려를 상인의 신, 상신商神으로 떠받들고 있습니다. 권력의 정점에서 물러난 뒤 범려가 오늘날의 산둥성 바닷가 쪽으로 이주합니다. 당시에는 제나라 지역이었습니다. 그곳에 가서 유통업을 합니다. 농수산물 등을 유통해서 억만금을 법니다. 부자가 되어 범려의 이름이 알려지니까 제나라 정치가들이 가만 놔두지 않아요. 그래서 번 돈을 모두 주변 사람들에게 나눠 주고는 다시 다른 곳으로 떠납니다. 정도라는 곳으로 옮겨 가서 물류 사업을 시작합니다. 정도가 교통의 요지예요. 이쪽저쪽으로 왔다 갔다 하는 상품들을 전부 모아서 이리 나눠 주고 저리 나눠 주며 또다시 억만금을 법니다. 이 사람은 세 번 직업을 바꿔 세 번 모두 성공했습니다. 그리고 번 돈을 주변에 나눠 주는 노블레스 오블리주를 실천합니다. 지금으로부터 2,500여 년 전의 인물입니다. 중국 사람들이 범려를 상신으로 떠받드는 이유를 잘 아시겠지요?

재신財神과 상신은 다릅니다. 중국에 가면 호텔이나 가게 등에 관우상이 모셔져 있는 것을 볼 수 있습니다. 관우가 훗날 재신이 됩니다. 재산을 보호해 준다는 의미로 재신으로 추앙받게 되지요. 범려는 비즈니스의 신, 즉 장사를 잘하게 만들어 주는 신입니다. 범려는 올바른 방법으로 장사해서 그

부를 사회에 환원한 인물이었습니다. 따라서 사람들에게 존경받는 부호 가운데 한 사람입니다.

마지막으로 여러분께 소개할 부자는 공자의 제자였던 자공子貢입니다. 『논어』에 가장 자주 등장하는 인물이 자공과 자로子路입니다. 안회顔回는 일찍 죽기 때문에 많이 등장하지는 않지요. 어쨌든 이 자공이 사업가였습니다. 자공이 한번 수레를 몰고 나라를 방문하면 그 나라의 최고 통치자가 직접 나와 자공을 맞이할 만큼 어마어마한 부자였습니다. 그래서 사마천은 "공자가 천하에 널리 이름을 알릴 수 있었던 이유는 자공의 재력이 뒷받침됐기 때문이다."라고 말했습니다. 한번 가만히 생각해 보세요. 공자가 조국 노나라에서 뜻을 이루지 못하고 천하를 돌아다니지 않습니까. 물론 고생이야 했습니다만 공자가 일을 해서 돈을 번 것도 아니고 부잣집 자식도 아닌데 그 천하 주유 비용을 어떻게 댔겠어요? 자공이 다 지원했습니다.

오늘날 기업에서 탤런트나 영화배우를 동원해 기업을 홍보하고 광고하잖아요. 그것처럼 자공은 당대 최고의 지식인이었던 스승 공자를 앞장세웁니다. 공자를 내세워 사업에 권위를 부여하는 겁니다. 공자는 공자대로 제자인 자공의 재력 덕분에 고생하지 않고 편안하게 권력자들을 만나 자신의 사상과 철학을 피력할 기회를 가졌습니다.

요즘 서양 광고를 보면 광고 모델이 연예인, 스포츠 스타 중심에서 점차 지식인으로 넘어가는 경향을 보이고 있습니다. 우리나라에서도 간혹 그런 광고가 등장하는데 자공은 2,500년 전에 이미 이 방법을 사용했던 것이지요. 윈윈 전략입니다. 당대 최고의 지식인이었던 자신의 스승을 앞세워 다른 사람들에게 권위 있는 사업가라는 인식을 심어 주었던 것입니다. 장사를 하고 있지만 자공 또한 상당한 문화인, 지성인이라는 것, 저런 훌륭한 사람을 스승으로 모시는 자공의 사업은 윤리적이고 도덕적인 측면에서 훨씬 더 신뢰를 가질 수밖에 없는 것이지요.

오늘날 공자의 무덤 앞에 가면 자공 여막이 있던 자리가 있습니다. 공자가 세상을 떠난 뒤 자공이 그곳에 와서 집을 짓고 묘살이를 했어요. 그 묘살이 장소와 관련 건물이 남아 있습니다. 자공은 무려 6년이나 묘살이를 했습니다. 어떤 기록에는 9년이라고 나와 있기도 합니다. 그리고 공자 무덤 앞에 최초로 나무를 심었습니다. 이처럼 자공은 사후까지 스승을 돌본 사업가였습니다.

옛날 사람들은 어떻게 부자가 됐을까?

『사기』「화식열전」은 저주받은 명편이라고 몇 차례 말씀을 드렸습니다. 점잖은 학자가 세상의 이익을 밝혔다고 2천 년 넘게 엄청난 비난을 받았습니다. 정통주의에 매몰된 수구 보수 학자들은 "사마천은 죽여도 시원치 않을 인간이다."라는 극언을 서슴지 않았습니다.

「화식열전」은 기본적으로 30여 명의 부자에 대한 기록입니다. 이들이 어떻게 치부했는가, 돈을 번 방법에 대한 이야기이고, 나아가 어떻게 치부해야 하는가라는 경제관에 관한 이야기이며, 그 경제가 국가의 통치나 정치와 어떤 함수 관계를 맺고 있는가에 대한 이야기입니다. 굉장히 깊이 있는 한 편입니다. 2,100여 년 전에 부자들 이야기를 역사책 속에 집어넣겠다고 한 발상 자체가 대단한 것이지요. 이것을 뭐라고 이야기해야 할까요? 대범한 발상? 아니면 발칙한 발상? 획기적인 발상? 저주받은 명편이라고 이야기하는 이유가 이것입니다.

더 놀라운 사실은 『사기』 이후 나온 중국 정사에는 부자에 관한 기록이 하나도 없다는 것입니다. 사마천의 『사기』 이후 역사의식, 역사관이란 면에서 후퇴했다고 말하는 이유

중 하나입니다. 기껏 내놓은 것이 주로 재정이나 인구를 다루는 「식화지」食貨志라는 기록입니다. 1년에 세금이 얼마고, 이 군에서는 얼마를 거두었다는 정도지 부자에 관한 이야기는 일절 없습니다. 역사학자들이 스스로 자기 검열을 한 것이지요. 아마도 『사기』를 보면서 속으로는 어마어마하게 감탄했을 거예요. 척 보면 알지요. 참 대단하다 하면서도 권력자의 눈치, 지배 계층의 눈치를 봐야 하고, 이데올로기에 매여서 '그래도 내가 부자 이야기를 할 수는 없지.' 하고 생각했을 것입니다. 「화식열전」이 있으니 이것과 비슷한 돈 이야기는 해야겠다 싶어서 국가 재정을 언급합니다. 그 외 다른 이야기는 하지 않습니다. 따라서 「화식열전」은 매우 귀한 글입니다. 이제 「화식열전」에 등장하는 30여 명의 부자를 자세히 살펴보겠습니다.

먼저 계연計然이 등장합니다. 계연은 경제 이론가였습니다. 상품 가격, 공급과 수요의 문제를 제일 먼저 지적한 사람입니다. 공급과 수요가 적절하게 맞아야 물가가 안정된다는, 물가 안정책을 최초로 제기했습니다. 국가 경제의 기본은 물가의 안정에 달려 있다고 했습니다. 오늘날 뉴스를 보면 장바구니 물가라고 하잖아요. 계연이 이미 다 이야기한 내용입니다. 물건 값이 비쌀 때는 물건을 풀어서 가격을 내리고, 물건 값이 쌀 때는 사들여서 가격을 올리며 균형을 맞춰야 물가가 안정되고 그래야 백성이 편안하게 생업에 종사할 수 있다는 탁월한 경제 이론을 주장했습니다. 범려의 스승으로 알려져 있는, 약 2,600년 전의 인물입니다.

백규白圭라는 사람도 경제 이론가입니다. 이 사람은 "물건 값이 오를 때는 내가 가지고 있는 물건을 쓰레기를 버리듯이 갖다 팔고, 물건 값이 쌀 때는 보석을 사들이듯 사들여라."라고 이야기합니다. 저는 이 사람의 경제 이론을 듣고 소름이 끼쳤어요. 이 논리를 따라가는 경제 윤리가 세상에 어디 있어요? 물가를 안정시키려면 적어도 상인이 갖춰야 할 상도를 발휘해야 하잖아요. 그런데 우리는 거꾸로 하고 있지요. 물건 값이 내려갈 때 어떻게 합니까? 더 내려갈 때까지 기다립니다. 물건 값이 비싸지면 더 올라갈 때까지 기다리지요. 그런데 백규는 거꾸로 이야기하잖아요. 오늘날 우리나라 사람들, 사업하는 사람들이 귀 담아 들어야 할 이야기입니다. 이렇게 물가 조절이 가능해야만 백성이 편안하게 생업에 종사할 수 있고, 사회에서 인정받는 기업이 되는 것 아니겠어요? 사회적 기업이니, 부를 사회에 환원해야 한다느니 하면서 보잘것없는 것에도 손을 뻗고 문어발식 경영을 통해 서민들을 먹고 살기 힘들게 만드는 것이 오늘날의 신자유주의,

탐욕의 자본주의란 말이지요. 이런 상황과 비교해서 2,500여 년 전 사람이 한 이야길 들어 보면 참 놀랍다는 생각이 듭니다.

의돈猗頓과 곽종郭縱은 소금업과 제철업으로 치부한 사람입니다. 그렇게 돈을 벌어 왕과 같은 삶을 누리다 갔습니다. 오지 지역에 살았던 나倮는 축산업을 하며 변방 이민족과 교역해 돈을 번 인물입니다. 진시황에게 특별 대우를 받았는데 정치 자금을 많이 댔을 것으로 추정하고 있습니다.

청淸이라는 여자 사업가도 등장합니다. 30명 정도 되는 사업가 가운데 유일한 여성입니다. 더군다나 과부였습니다. 이 여성은 주목할 가치가 있습니다. 홀몸이 되어 아버지가 하던 단사광을 개발합니다. 단사는 붉은 색깔로 된 광물질인데 여러 가지로 아주 유용하게 쓰이는 물질입니다. 약을 만드는 데에도 쓰이고, 특히 진시황이 연단술煉丹術을 많이 했기 때문에 이 단사광을 개발해 이익을 독점합니다. 진시황은 생전에 여성을 대단히 혐오했습니다. 아마도 어머니에 대한 트라우마 때문으로 보입니다.

진시황의 어머니 조희趙姬는 원래 여불위의 첩이었습니다. 여불위에게 품위 유지비를 받아 인맥을 넓혀 가던 자초가 하루는 여불위와 술자리를 하다 여불위의 첩인 조희를 보고는 한눈에 반해 버립니다. 그래서 그녀를 자신에게 달라고 이야기합니다. 결국 자초가 조희를 아내로 맞아들이는데 그때 이미 임신 상태였어요. 그 배 속에 진시황이 들어 있었던 것이지요.

그 뒤에 자초가 진나라로 건너가 왕이 됩니다. 그런데 앞에서 말씀 드린 것처럼 3년 만에 죽습니다. 그러니까 이 조희가 청상과부가 된 거예요. 아무것도 모르는 열세 살짜리 아들을 데리고 말이지요. 그래서 바람을 피웁니다. 처음엔 여불위와 바람을 피워요. 그런데 시간이 흐를수록 여불위가 부담을 느낍니다. 일단 몸이 안 따라 주고, 둘째는 천하 대권을 쥐고 있는 상태에서 태후와 불륜 관계를 맺고 있으니 정치적으로 굉장한 부담을 느낍니다. 그래서 이 젊은 태후의 음욕을 충족시켜 주기 위해 물건 좋은 남자를 하나 구해 옵니다. 그러고는 그 남자를 환관이라고 속인 뒤 궁으로 들여보내요. 노애嫪毐라는 건장한 남자였는데 태후가 이 남자를 아주 마음에 들어 합니다. 이 부분이 『사기』에 등장하는 유일한 19금 장면입니다.

여불위가 노애를 태후에게 보내기 위해 사전에 쇼를 합니다. 밤마다 자신의 집에 술판을 벌여 놓고 노애로 하여금 스트립쇼를 하게 합니다. 그냥 스트립쇼가 아니라 아랫도리

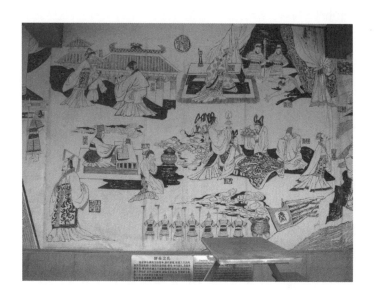

진시황은 여성 혐오자였다. 어릴 때부터 어머니가 끊임없이
바람피우는 모습을 보며 자란 트라우마 때문이리라.
진시황의 어머니는 노애라는 건장한 남자를 환관이라 속여
궁에 들인 뒤 그와의 사이에서 아들을 둘씩이나 낳는다.
사진은 노애의 반란을 묘사한 기록화다.

물건에다 수레바퀴를 거는 엄청난 쇼를 합니다. 얼마나 튼튼한가를 보여 주려고요. 이것이 『사기』에 나옵니다. 그러니까 이게 소문이 나요. "밤마다 누구 집에서 어떤 놈이 정력을 자랑하는데 오늘은 몇 킬로그램짜리를 매달았다더라." 이런 말이 돕니다. 음탕한 진시황 어머니가 금세 이 이야기를 듣습니다. 그래서 여불위에게 "요즘 뭐 좋은 걸 하신다면서요?"라고 넌지시 물어봅니다. 여불위가 "뭐, 별건 아니고요. 한번 보내 드릴까요?" 이렇게 대답하고는 자연스럽게 노애를 궁으로 들여보냅니다. 태후가 이 노애와 정분이 나서 아들을 둘씩이나 낳습니다. 진시황이 그 꼴을 보며 살았어요.

더군다나 진시황은 아홉 살 때까지 조나라 한단에서 살았습니다. 진시황이 세 살 때 아버지 자초만 먼저 진나라로 돌아가고 어머니와 둘이 조나라에 남아 살고 있었어요. 6년 동안 어머니와 남의 나라에서 산 것이지요. 이 6년 동안 조희와 진시황을 여불위가 돌봐 줍니다. 이 두 사람은 그때도 부적절한 관계였을 거예요. 뒷일을 보면 짐작할 수 있잖아요. 남편이 죽고 난 뒤 제일 먼저 바람을 피운 상대가 여불위지요. 진시황은 그 어린 시절부터 어머니가 바람피우는 꼴을 보고 살았어요. 진시황이 여자에 대해 좋은 감정을 가질 수 없는 환경이었습니다. 진시황은 정식으로 황후를 두지 않았습니다. 자식은 있어도 아내는 없었어요. 그것이 여성 혐오에서 비롯되었다고 추정하고 있습니다.

이런 성장 배경을 갖고 있다 보니 진시황이 과부 청에게 굉장한 존경심을 갖습니다. 홀몸으로 뭇 남성들의 유혹을 뿌리치고 꿋꿋하게 수절해 가며 사업에도 성공한 사람이잖아요. 그래서 이 청이 도성인 함양으로 올라오면 칙사 대접을 했습니다. 과부 청이 죽은 뒤에는 여회청대女懷淸臺라는 기념관까지 지어 줍니다. 오늘날로 이야기하면 상공인들이 모여서 교류할 수 있는 상공회의소 같은 곳이었어요. 과부 청은 진시황의 성격을 엿보게 해 주는 아주 재미난 여성 사업가입니다.

탁씨卓氏, 정정程鄭, 공씨孔氏는 모두 제철업으로 성공한 사람들입니다. 병씨邴氏와 조한刁閑은 물류, 고리대금업, 정보 유통업으로 부자가 된 사람들입니다. 오늘날의 시각에서 보면 놀랍지요? 2천 년 전에 정보 유통업이 있었다니요. 이 조한이란 사람은 정보원들을 모아서 전국 각지로 퍼뜨렸습니다. 그런데 정보원으로 노예를 고용했어요. 노예를 쓴 이유는 자기 몸 하나 정도는 지킬 수 있어야 했기 때문입니다. 지방으로 나가 사업을 해야 하는데 혹시라도 시비가 붙으면 얻어맞고 오지는 말아야 하잖아요. 그러니 자기 몸 하나 지킬 수 있고, 똘똘해야 하지요. 똑똑한 노예들을 각지로 보내 정보를 수집하는 겁니다. 어디에 무슨 물건이 많이 나온다더라, 어디에 갔더니 흉년이 들어 어떤 물건이 당장 필요하다더라 같은 정보를 수집해 와서 거기에 맞는 물건을 사들여 팔거나 보냅니다. 기가 막힌 사업을 한 사람입니다. 중국은 땅덩이가 워낙 크잖아요. 정보를 누가 빨리 입수하느냐에 따라 사업에 상당히 큰 영향을 미칠 수 있었습니다. 그래서 제나라 젊은이들이 공부는 안 하고 차라리 조한 밑에 들어가 사업하길 원한다는 말이 돌 정도로 당시 큰 성공을 거둔 인물이었습니다.

사사師史는 유통업, 프랜차이즈, 다단계 사업까지 한 인물입니다. 기록을 쭉 훑어보니 사업 성격이 그렇더라고요. 주로 커다란 수레에 물건을 싣고 다니면서 그 수레에다 쉽게 이야기하면 상표 혹은 광고판 같은 걸 붙여서 자신이 무엇을 하고 있는지 보여 주었습니다. 다만 이동식 프랜차이즈였습니다. 이렇게 이동식 기업을 차려 부자가 된 사람도 있습니다.

선곡宣曲 지역의 임씨任氏라는 사람도 농업과 목축업, 즉 기초 산업에 충실하게 매진해 성공한 사례입니다. 교요橋姚라는 사람은 가축과 곡식, 무염씨無鹽氏는 대출업으로 성공한 인물입니다. 이름으로 봐서는 여자일 가능성도 배제할 수 없어요. 한나라 초기 경제 때 오초칠국吳楚七國의 난이 일어납니다. 어느 정권이든 초창기에 병목 현상이 나타나요. 제1대 개국조가 있고, 그 뒤 2대, 3대로 넘어가면서 왕위 계승 문제가 발생합니다. 이것이 관성의 법칙입니다.

역사에는 이런 힘이 작용합니다. 새로운 정권에 가까워지려 하는 향심력向心力과 새로운 정권에 반발하는 이심력離心力이 그것입니다. 과거의 관성이 작용해 끊임없이 충돌이 일어난단 말이지요. 숙청이 일어나는 이유가 거기에 있습니다. 이런 병목 위기를 넘기면 정권이 오래가지요. 조선에도 왕자의 난이 있었고, 중국도 마찬가지였습니다. 수나라는 병목 위기를 넘기지 못하고 10여 년 만에 단명했지요. 그리고 당나라가 들어섰는데 당나라 초기에도 병목 위기가 있었습니다. 현무문의 정변이 일어나 당 태종이 형과 아우를 죽이지요. 그러고는 자기가 황제 자리에 오릅니다. 이방원과 판박이입니다. 정치를 잘했기에 망정이지 이런 위기를 제대로 넘기지 못하면 짧은 시간 내에 정권이 무너집니다.

한나라도 똑같았습니다. 한 고조 유방이 죽은 뒤 혜제惠帝가 왕위에 오르는데 혜제는 유명무실했고, 여태후가 권력을 장악합니다. 여씨 집안이 모두 숙청된 뒤 경제가 즉위하지요. 그때 지방에 있던 왕들, 오나라와 초나라를 중심으로 한 일곱 나라가 중앙에 반기를 듭니다. 그것이 오초칠국의 난입니다. 난을 진압하려면 당장 무기를 구입하고 군사를 동원해야 하는데 정부에 돈이 없는 거예요. 무염씨가 정부 편을 들어야 하나 반란군 편을 들어야 하나 고민하다 정부 편을 듭니다. 그래서 자금을 지원하는데 결국 정부가 승리를 거두지요. 오초칠국의 난이 진압당합니다. 그래서 무염씨가 원금의 10배를 돌려받습니다. 그것도 단 1년 만에요. 참 괜찮은 장사지요? 관중 지역 전체의 부와 맞먹었다고 할 만큼 대단한 부자였습니다.

「화식열전」에는 전숙田叔, 환발渙發, 옹낙성雍樂成, 옹백雍伯이란 사람들도 등장하는데 전숙은 남의 무덤을 파헤쳐서 그 무덤 속에 있던 부장품을 사업 자금으로 삼았던 사람이고, 환발은 도박을 통해 부자가 된 사람이며, 옹낙성은 행상이라는 천한 일을 하면서도 부자가 된 사람입니다. 옹백이라는 사람이 재밌습니다. 화장품업을 했는데 연지를 팔아서 큰 돈을 법니다. 연지는 얼굴에 바르는 분이에요. 그 당시 여성들의 화장 풍습을 정확하게 파악해 좋은 연지를 제공해서 성공을 거둡니다. 예뻐진다면 양잿물도 마신다는 속담이 있잖아요. 그런 여성의 심리를 잘 이용한 사업가가 2천 년 전에도

전국 시대 남자들 사이에서는 칼을 차고 다니는 패도 풍습이
유행했다. 여성들이 귀걸이나 목걸이를 하고 다니는 것처럼
남자들은 옆구리에 긴 칼 하나, 가슴팍에 작은 칼 하나를 차고
다녔다. 「화식열전」에는 이 패도 풍습을 잘 파악해 칼 갈아 주는
일로 엄청난 돈을 모은 부자 이야기가 나온다.

있었습니다.

술장사를 해서 천만금을 번 장씨張氏라는 사람이 있고, 칼을 갈아서 부자가 된 질씨郅氏라는 사람도 있었습니다. 이 질씨가 또 아주 재밌습니다. 칼을 갈아서 어떻게 천만금, 억만금 부자가 될까요? 상상이 잘 안 가시지요? 이게 세상 돌아가는 것을 잘 보셔야 된다는 겁니다. 「화식열전」이 재미난 이유가 여기에 있습니다. 사마천은 "누구든지 자신의 지혜를 활용해 시세를 정확히 파악하면 돈을 벌 수 있다."고 이야기합니다. 돈을 벌려면 세상의 흐름을 정확히 인식해야 한다는 것이지요. 보통 사람은 어떻게 해야 해요? 틈새시장을 공략할 줄 알아야 합니다. 남이 하지 않는 것을 가지고 사업해야 성공합니다. 이 질씨가 그런 사람이었어요.

칼 가는 일이 돈이 될까 싶지만 패도佩刀 풍습이란 것을 여러분이 아셔야 합니다. 당시에는 패도라고 해서 칼을 차고 다니는 것이 유행이었어요. 전국 시대부터 여자들이 목걸이나 귀걸이를 하는 것처럼 남자들은 폼으로 칼을 차고 다녔습니다. 옆구리에 긴 칼을 하나 차고, 가슴팍에 조그마한 칼을 하나 품고 다녔어요. 뽑아서 베고 싸우는 용도가 아니었습니다. 그냥 장식용이었어요. 그런데 이놈의 칼이 칼집 안에만 들어가 있으니 녹이 슬어요. 어쩌다 친구를 만나서 "야, 오랜

만이다. 네 칼 괜찮냐? 뽑아 볼래?" 하는데 칼이 녹이 슬어서 안 뽑혀요. 얼마나 부끄러워요. 그러니까 어떡해야 해요? 칼을 갈아야지요. 수시로 갈아야 합니다. 질씨는 거기에 착안한 겁니다. 칼을 쓰라고 가는 것이 아니고 남 앞에서 뽑았을 때 번쩍번쩍 빛나라고 갈아 주는 겁니다. 이 기술로 돈을 엄청나게 벌어서 제후에 버금가는 생활을 하며 살았습니다.

탁씨濁氏라는 사람은 순대, 곱창을 팔아 천하의 부자가 됐고 수행원까지 거느리며 살았대요. 말의 병을 잘 고쳐서 부자가 된 장리張里라는 사람도 있습니다.

이렇게 30명에 가까운 부자 이야기가 『사기』에 기록돼 있습니다. 사마천은 이들 부자의 생활 모습을 "오케스트라를 옆에 두고 밥을 먹을 정도였다."고 묘사하고 있습니다. 정당한 방법으로 부를 쌓아 왕에 버금가는 삶을 살았다고 이야기합니다.

부를 좇는 것은 인간의 본성이다

사마천의 경제관을 조금 더 구체적으로 살펴보겠습니다. 사마천은 「화식열전」과 「평준서」라는 두 편의 경제 전문서를 남겼습니다. 「화식열전」은 이미 설명을 드렸고, 「평준서」는 경제 이론에 관한 기록입니다. 주로 경제 정책과 물가, 그것이 백성의 삶에 미치는 영향 등을 전문적으로 다루고 있습니다.

사마천은 "백 리 먼 곳에 나가 땔나무를 팔지 말고, 천 리 먼 곳에 나가 곡식을 팔지 말라."는 속담을 언급합니다. 이 말은 기본적으로 내 땔나무가 좋다고 남의 동네까지 가서 팔지 말라는 뜻입니다. 멀리 나가는 데에 따른 유통비가 많이 들기 때문에 경제적으로 맞지 않다는 이야기입니다. 곡식을 천 리 먼 곳까지 들고 간다고 생각해 보세요. 이동에 들어가는 비용은 어떡할 거냐는 말이지요. 현실적인 이유와 기본적인 상업의 철학이 있는 말입니다. 괜히 남의 동네까지 가서 유통을 흐리지 말라는 이야기입니다.

"1년을 살려거든 곡식을 심고, 10년을 살려거든 나무를 심고, 100년을 살려거든 덕을 베풀어라."라고도 이야기합니다. 덧붙일 말이 없습니다. 그대로 그냥 실천하고 살면 됩니다. 이와 달리 "100년을 살려거든 이웃을 만들어라."라고 표현하기도 합니다.

"눈과 귀는 아름다운 소리나 좋은 모습을 보고 들으려 하고, 입은 맛있는 고기 따위를 먹고 싶어 한다. 몸은 편하고 즐거운 것을 추구하고, 마음은 권세와 유능하다는 영예를 자랑하고 싶어 한다. 이런 풍속이 백성의 마음속까지 파고든 지는 오래됐다. 그러므로 교묘한 이론을 가지고 집집마다 이런 방식으로 교화시키려 하는 것은 불가능하다." 잘살고, 편하게 살고자 하는 것은 인간의 본능이기 때문에 경제 논리나 정책을 가지고 교묘한 말로 백성에게 이 정책대로 하면 잘 먹고 잘살 수 있을 거라고 수작 부리지 말라는 이야기입니다. 그러면 어떻게 해야 되느냐? 사마천은 "백성을 이익으로 끌어라."라고 이야기합니다. 하지만 이것도 최고의 단계는 아닙니다. 최고의 단계는 그냥 내버려 두는 것입니다.

사마천은 관중의 말을 빌려 "창고가 차야 예절을 알고, 먹고 입는 것이 넉넉해야 명예와 치욕을 안다."라고 이야기합니다. 스스로 생각해 보세요. 주머니에 돈이 두둑하면 친구를 만났을 때 돈을 쓰게 되잖아요. 예의와 염치가 생기지요. 명예와 치욕도 경제적 부에서 출발합니다. 그런데 창고가 가득 차 있고 먹고 입는 것이 넉넉한데도 명예를 모르고 치욕도 모르는 인간들은 도대체 어떤 인간들일까 싶습니다. 이런 부분에 대해서도 고민할 수밖에 없지요.

"예의는 재산이 있으면 생기고 재산이 없으면 사라진다. 이 때문에 군자도 부유해야 덕행을 즐겨 하고, 소인은 부유하면 자기 능력에 맞게 행동한다." 저도 덕행을 즐겨 해 봤으면 좋겠습니다. 군자는 아니지만요. "연못이 깊어야 물고기가 살고, 산이 깊어야 짐승이 노닐 듯이 사람도 부유해야 비로소 인과 의를 행할 수 있다." 우리나라 속담에 "곳간에서 인심 난다."는 말이 있지요? 그것과 똑같은 이야기입니다. 관중의 이야기가 우리말로 변형돼 나타난 것입니다.

『사기』에는 세태와 부의 관계를 지적한 명언이 꽤 많이 등장합니다. 한번 살펴보겠습니다. "세간에 천금을 가진 부잣집 자식이 길거리에서 죽는 법은 없다."라는 천하의 명언이 등장합니다. 천금을 가진 부잣집 자식은 법률에 의해서 사형당하거나 죽지 않는다는 이야기입니다. 요즘 말로 하면 '재벌 자식은 아무리 잘못해도 집행유예 5년'이라는 경우와 같습니다.

"빈말이 아니다. 천하 사람들이 왁자지껄 모여드는 것도 이익 때문이고, 소란을 떨며 흩어지는 것도 이익 때문이다." 이익이 없는 곳에는 사람이 모이지 않습니다. 사람이 모이고 흩어지는 이유는 이익과 관계됐기 때문입니다. 맞는 말이지요?

"천 승의 마차를 가진 왕, 만 호를 가진 제후, 백 채의 집을 가진 갑부들도 가난을 걱정하는데 하물며 호적에 간신히 이름이나 올라 있는 백성이야 말해 무엇하겠느냐!" 부자든

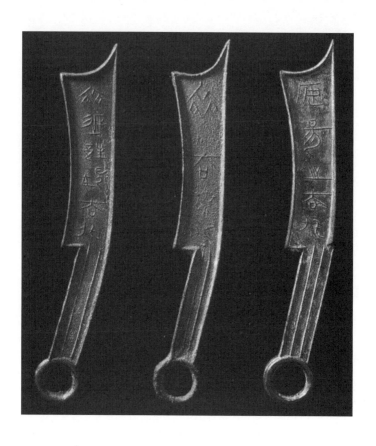

기원전 7세기 제나라 시대에 등장한 화폐 명도전은
우리나라 전역, 나아가 일본에서도 발견된다. 이 명도전은
오늘날의 달러처럼 당시의 기축 통화였다.

가난한 자든 없음을 걱정한다는 이야기입니다. 우리 속담에 "아흔아홉 석 가진 사람이 한 석 가진 사람 것을 뺏는다."라는 말이 있지요. '부에 대한 추구는 어쩔 수 없는 본능이다. 다만 어떤 방식으로 흐름을 바꿔 줄 것인가가 중요하다.'가 사마천이 말하는 부자 되기의 초점입니다. 부에 대한 본능적인 관심과 욕망을 사회 혹은 통치자가 어떤 방향으로 끌고 가느냐가 사회적 기풍을 좌우한다는 말입니다.

'물자를 축적하는 이치는 물건을 온전하게 보존하는 데 힘쓰는 것이다. 자금이 흐르지 않고 적체되게 해서는 안 된다. 재물과 자금은 물이 흐르듯 원활하게 유통시켜야 한다.'라는 유통을 강조한 탁월한 경제 이론도 보여 줍니다.

서양이 화폐가 뭔지도 모를 때 중국 사람은 이미 화폐를 만들었습니다. 그 가운데 가장 유명한 화폐가 제나라 때 등장한 명도전입니다. 명도전은 제나라 환공 무렵, 즉 관중이 활약하던 시기인 기원전 7세기 무렵에 등장합니다. 여러분도 국사 시간에 배웠을 겁니다. 칼처럼 생긴 화폐가 있습니다.

우리나라 북부와 북한 지역에서 명도전이 꽤 많이 발견됩니다. 그리고 후기 형태들은 우리나라 남부와 일본에서도 발견됩니다. 이 말은 곧 그 당시에 제나라의 명도전이 기축 통화였다는 것입니다. 오늘날 우리가 사용하는 달러 같은 것이지요. 관중이 쓴 『관자』라는 책에는 제나라와 고조선이 무역한 기록이 나옵니다. 조선과 연관된 대목이 나오는 겁니다. 중국과 조선이 서로 무역을 하며 어떤 물건을 사고팔았는지 알 수 있습니다.

우리나라와 중국 학자들이 모여서 고대사 문제를 이야기할 때 금기시하는 대목이 있습니다. 우리나라 학자들이 이 이야기만 나오면 아무 소리도 못 해요. 우리나라 상고대사에는 없는 것이 세 가지 있습니다.

첫째, 청동 예기가 없습니다. 제사 지낼 때 쓰는 발 세 개 달린 어마어마하게 큰 정이라는 것 있지요? 중국에는 박물관마다 있습니다. 정 하나의 무게가 1톤이나 되는 것도 있어요. 구정이라고 해서 세 발 달린 솥을 9개 가지고 있는 것이 천자의 상징이었습니다. 권력의 상징이지요. 우리나라에는 그런 크기의 정이 없어요. 기본적으로 요서, 즉 요하遼河 서쪽 지역에서만 나옵니다. 그래서 우리나라 학자 중에는 그 지역까지 고조선 땅이었다고 주장하는 사람이 있습니다. 그런데 청동기 형태를 보면 누가 뭐라 해도 중국식 청동기입니다.

둘째, 화폐가 없습니다. 물론 저 명도전도 고조선의 화폐라고 주장하는 학자가 있습니다.

셋째, 문자가 없습니다.

국가와 국가의 발전, 국가의 규모를 상징하는 청동 예기가 없고, 사람들의 물질적 생활을 지배하는 화폐가 없고, 사람의 정신과 문화를 지배하는 문자가 없어요. 치명적인 아킬레스건입니다. 그렇게 따지면 우리는 아무것도 없는 거예요. 그렇다고 기죽어야 할까요?

중국 학자들이 이런 이야기를 하면 저는 이렇게 대답합니다. "필요가 없어서 안 만들었다. 너희가 다 만들어 놨는데 뭐 하러 우리까지 만드느냐?" 그리고 청동 예기 같은 것은 만드는 순간 중국과 충돌이 일어난단 말이에요. 중국처럼 구정을 만들어서 "우리도 천자의 나라다." 주장해 보세요. 그럼 어떻게 되겠어요. 싸움밖에 안 일어나지요. 그런데 국력이 약하고, 경제적, 외교적인 측면에서 굳이 싸울 필요가 없으니까 "그래, 네가 천자 해. 괜찮아. 우리는 너희들과 물물 교환 하면서 살면 되지 뭐. 그렇다고 먹을 거 안 먹고 할 거 안 하나? 화폐도 너희가 만든 거 쓰면 되지 뭐." 이렇게 되는 겁니다. 문자? 그때는 중국이나 우리나라나 피지배 계층에게 문자를 가르치지 않았습니다.

춘추 시대에 정나라의 재상 자산子産이 최초로 법률을

만들었습니다. 법률을 만든 것까지는 좋았는데 이 사람이 솥에 법률을 새겨서 공포를 합니다. 헌법 제1조항, 일반 평민이 귀족에게 맞으면 고발할 수 있다. 이런 내용을 새겨서 관청 문 앞에 세워 뒀어요. 그러니까 귀족들이 난리가 난 거예요. 왜? 고소, 고발이 잇따를 수밖에 없잖아요. 그전까지는 일반 백성이 글자를 몰랐기 때문에 법 조항을 몰라서 맞아도 항의하지 못했어요. 늘 그렇게 당하고 살았단 말이지요. 그런데 자산이라는 개혁가가 앞으로 정나라가 살아남으려면 백성의 힘을 빌릴 수밖에 없고, 그러려면 백성도 법이 무엇인지 알아야 한다고 나섰던 겁니다. 귀족의 반발이 엄청났습니다.

우리나라도 조선 시대에 세종대왕께서 한글을 창제하기 전까지 일반 백성은 문자를 쓰지 않았습니다. 그러니까 그보다 수천 년 전인 고조선 시대에 문자가 무슨 필요가 있었겠어요. 지배 계층만 알면 됐지요. 우리는 굳이 필요성을 못 느꼈을 뿐이지 우리가 뒤떨어져서, 나라가 시원찮아서, 민족이 바보 같아서 그런 것 아닙니다. 그렇게 생각하지 마세요.

그런데 학자들의 경우는 이야기가 달라져요. 그런 부분에 굉장히 예민합니다. 저는 그렇게 생각하지 않습니다. 외국에 나가면 당연히 달러 써야 하잖아요. 우리나라 돈 쓰겠다고 바득바득 우기면 누가 받아 줍니까? 당시 형세에 맞게 우리가 맞추는 것이지요. 그것은 생존의 한 방식입니다. 옛 날에도 그랬고 지금도 그렇단 말입니다.

저는 한국 사람들이 가진 자질이 전 세계 어디에 내놔도 떨어지지 않는다고 생각합니다. 부지런하지요, 머리 좋지요. 내부적으로 단결만 되면 많은 문제가 모두 해결된다고 보거 든요. 그러면 강소국으로서 행복하게 오랫동안 부귀영화를 누릴 수 있을 것입니다.

사마천은 "공자의 이름이 천하에 두루 알려지게 된 까 닭은 부유한 자공이 공자를 앞뒤로 모시고 도왔기 때문이다. 이것이 바로 세력을 얻으면 세상에 더욱 드러난다는 말이 아 니겠는가?"라는 말로 문화의 힘, 지성의 힘, 경제의 힘이 합 해질 때 시너지 효과가 난다는 사실을 드러냅니다. 공자와 자공이 모두 후대에 훌륭한 평가를 받게 된 이유가 이 때문 이라는 말입니다.

공자는 상당히 세련된 사고방식을 갖고 있었습니다. 『논어』를 읽어 보면 아시겠지만 공자는 유머 감각이 뛰어난 사람이었습니다. 공자는 좋은 연주를 들으면 요즘 말로 앙코 르를 외치고 박수 치며 자기감정을 드러냈습니다. "내가 부 유해질 수만 있다면 마부가 돼 말채찍이라도 들겠다."라고 이야기할 만큼 자신의 어려운 처지를 유머러스하게 표현할 줄 알았던 인물입니다. 공자가 그렇게 행동할 수 있었던 배경에는 자공이라는 재력가가 있었습니다.

「화식열전」에 나오는 유명한 명언입니다. "보통 사람들은 자기보다 열 배 부자에 대해서는 헐뜯고, 백 배가 되면 겁을 먹고, 천 배가 되면 그 사람의 일을 해 주고, 만 배가 되면 그 사람의 노예가 된다. 이것이 사물의 이치다." 2천 년 전이나 지금이나 별로 변한 게 없는 것 같습니다. 경제의 본질을 사마천이 꿰뚫고 있었다는 의미겠지요.

"상인들이 만승의 제왕과 대등한 예를 나누고 명성을 천하에 드러냈으니 이 어찌 그들의 재력 때문이 아니겠는가?" 즉 경제력을 갖추고 있으면 권력자와도 대등하게 눈을 마주 보고 행세할 수 있다는 말입니다. 그러면서 사마천은 앞서 이야기했던 정치의 다섯 단계에 대해 논합니다. 저는 지금 우리의 정치가 마지막 다섯째 단계, 즉 백성과 부를 놓고 다투는 지경에 이르렀다고 봅니다. 사마천은 이에 대해 심각하게 경고합니다. 마지막 단계에 이르면 "백성이 사악해진다." 라고 이야기해요. 관리들은 더 사악해집니다. 세금을 뜯어내려고 만날 애를 쓰고, 백성은 세금을 내지 않으려고 갖은 술수를 다 동원합니다. 부정부패와 비리가 마구 등장해요. 그래서 사마천은 관리를 세 등급으로 나눠 열전에 배치했습니다. 덕의 정치로 백성을 이끌었던 관리를「순리열전」에 배치하고, 눈치 보며 살았던 관리를「유림열전」儒林列傳에 배치하고, 백성을 쥐어짰던 관리를「혹리열전」에 배치합니다. 그래서 우리에게 어떤 관리가 바람직한가라는 의문을 던지고 해답을 제시합니다.

"근검절약하고 부지런히 일하는 것은 부자가 되는 바른 길이다.", "부자가 되는 것에 정해진 직업이 있는 것도 아니고, 재물에 주인이 정해진 것도 아니다.", "재능 있는 자에게 재물이 모이고, 못난 사람에게는 재물이 기왓장 흩어지듯이 흩어질 수밖에 없다.", "천금의 부자는 한 도시의 군주와 맞먹고, 수만금을 모은 자는 왕처럼 즐겼다. 이것이 '소봉'素封이다!" 소봉은 봉지가 없는 왕이라는 뜻입니다. 천자가 땅을 내려 주면 제후왕이 되잖아요. 그런데 장사꾼에게는 땅을 내리지 않았어요. 봉지가 없더라도 왕처럼 산 사람을 가리킵니다. 무관의 제왕이에요.

사마천의 경제관을 요약하면 이렇습니다. '자신의 능력과 지혜로 시세의 흐름을 잘 파악하고 틈새를 공략해 부자가 되어서 왕처럼 살아라.' 이것이 사마천 경제관의 핵심입니다. 모두 부자 되라는 말입니다. 정치는 백성이 본능에 따라 부를 추구하도록 내버려 두고, 사회적 기풍이 올바른 방향으로 나아갈 수 있도록 물꼬만 터 주면 됩니다. 그러면 자연스럽게 노블레스 오블리주 할 수밖에 없는 분위기로 흘러갑니다. 그런데 그걸 자꾸 가지런히 바로잡으려고 백성과 싸우다 보니 사회 기풍 자체가 나빠지고 결국 백성, 관리, 통치자가 다 사악해져서 모든 사람이 탐욕에 물드는 겁니다. 나라에 망조가 드는 것이지요.

이러한 지혜가 고전이 주는 힘입니다. 고전의 힘이라는 것이 다른 데 있는 게 아닙니다. 여러분도 올바른 방법으로 부지런히 일하고 근검절약해서 부자 되시길 바랍니다.

사마천의 여행법

아는 만큼 보일까?

우리가 생각 없이 곧잘 쓰는 말 중에 "아는 만큼 보인다."가 있습니다. 그런데 저는 이 말을 정말 싫어합니다. 굉장히 오만한 말이거든요. 그러면 모르는 사람은 어떡해요? 평생 아무것도 보지 못하고 살아야 할까요? 아는 만큼 보인다고 하니까 우리나라 사람들은 자꾸 뭘 알려고만 하지 느끼려 하질 않습니다. 그래서 저는 "아는 만큼 못 느낀다."라고 말하고 싶습니다.

현장 답사를 나가면 대개 두 부류로 나뉩니다. 학자의

자세를 갖는 분이 있고, 시인의 마음을 갖는 분이 있습니다. 저는 느끼는 것이 더 중요하다고 생각합니다. 우리는 머릿속으로 무언가를 자꾸 집어넣고 있어요. 문제는 이렇게 들어간 지식이 가슴과 연결되어 밖으로 나와 주어야 하는데 들어가는 것에 비해 나오는 게 없어요. 우리나라 교육의 문제가 여기 있습니다. 감상하는 능력이 자꾸 떨어지는 것이지요. 좋은 음악을 듣거나 아름다운 소리를 들으면 눈물을 흘리기도 하고, 좋은 그림을 보거나 좋은 영화를 보면 감동을 받을 줄도 알아야 하는데 학교 교육이 감성을 키우기보다는 지식을 주입하는 데 집중하다 보니 머리가 포화 상태가 되는 거예요. 아는 것은 엄청나게 많은데 정리가 안 되고 감동을 못 받는다는 말입니다.

저는 제가 현장에서 설명할 때 딴짓하는 분께 절대 뭐라고 하지 않습니다. 왜냐하면 그분은 그분 스타일대로 느끼고 생각하는 중일 테니까요.

서양에는 이런 속담이 있습니다. "여행하는 자가 승리한다." 멋진 말이지요? 이것이 서양의 제국주의를 낳은 속담입니다. 서양의 힘이 여기서 나옵니다. 여행을 통해 식민지를 개척하잖아요. 일본 사람들은 "자식을 사랑하면 여행을 보내라."고 이야기합니다. 우리나라에는 이런 말이 없어요. 그래서 제가 하나 만들었습니다. "여행을 자주 하면 철이 일찍 난다." 우리 아이들은 만날 시멘트 방에 갇혀서 지금이 봄인지 가을인지 밖에 눈이 내리는지 모르지요. 그런데 여행을 가면 "산이 붉게 물들었구나. 가을이구나. 눈이 내리는구나." 하게 됩니다. 이게 '철' 아닙니까? 그렇게 철이 나는 것이고, 이것이 진정한 '철'입니다.

열 몇 살짜리가 남의 눈치 보고, 엄마 눈치 보고, 선생님 눈치 보면서 알아서 잘하는 것은 철이 아닙니다. 그건 조로早老라고 하지요. 자기가 하고 싶은 대로 표현할 줄 알아야 합니다. 유치한 질문 해도 괜찮습니다. 공자님도 말씀하셨잖아요. '불치하문'不恥下問. 아랫사람에게 물어도 부끄럽지 않다고 했어요. 모르는 건 괜찮다. '지지위지지知之爲知之, 부지위부지不知爲不知, 시지야是知也.' 아는 것을 안다고 하고, 모르는 것을 모른다고 하는 것이 아는 것이다. 얼마나 기가 막힌 말입니까.

문화도 마찬가지입니다. 감수성이 살아 있어야 모든 것을 받아들일 수 있습니다. 이 감수성이라는 것은 오감이 열려 있는 상태를 말합니다. 다른 사람이 하는 말 가운데 정말 옳은 이야기가 있으면 그때그때 받아들일 수 있어야 합니다. 우리 사회는 그게 안 되기 때문에 일단 낙인이 찍히면 아무리 좋은 이야기를 해도, 아무리 훌륭한 이야기를 해도 받아들이지 않고 배척해 버립니다. 이것 자체가 한국을 병들게 하는 요소입니다.

이제 사마천의 여행에 대해 이야기할 텐데요. 여러분도 오감이 열린 상태로 제 이야기를 들으면 더 많은 것, 전혀 새로운 것들을 느낄 수 있을 것입니다.

사마천의 현장 정신

중국 사람들은 여행을 글자 없는 책, '무자지서'無字之書라고 이야기합니다. 독서가 이성을 단련하는 수단이라면 여행은 감성을 단련하는 수단입니다. 인간의 감성과 이성이 조화를 이룰 때 가장 인간다운 인간이 되듯이 사마천의 여행 또한 『사기』에 이러한 균형 감각을 불어넣었습니다. 『사기』의 성공은 여행의 성공에서 비롯되었다고 해도 과언이 아닐 만큼 여행 자체가 중요한 의미를 갖습니다.

사마천은 스무 살 때 천하를 유람합니다. 중국 전문가들은 건장한 나이에 세상을 유력했다 하여 20세 장유壯遊라고 표현합니다. 기록에 남아 있는 여행만 7차례 내지 8차례 정도 됩니다. 그 밖에 기록에 남아 있지 않은 여행까지 합하면 상당히 많은 여행을 했을 것으로 추정됩니다.

사마천의 여행이 성공한 가장 큰 요인은 첫째, 아버지의 권유입니다. 둘째, 사마천이 스스로 결심하고 마음을 먹었기 때문에 충분한 준비를 통해 여행을 다닐 수 있었던 것입니다. 셋째, 길입니다. 그런데 이 길을 누가 닦아 놓았을까요? 바로 진시황입니다. 이것이 역사의 아이러니예요. 진시황은 길을 지나치게 정비하다 나라를 망쳤다는 비판을 받는 인물이란 말이지요. 진시황은 길을 무려 다섯 종류나 만듭니다. 직도부터 치도, 잔도, 용도(황제 전용 도로), 수도 등 다섯 종류의 길을 닦아요. 직도는 오늘날로 말하면 고속도로인데 군사용으로 사용되었고, 치도는 간선 국도에 해당합니다. 잔도는 험준한 지역에 만든 길이며, 황제 전용 도로는 용도라 불렀는데 터널 모양입니다. 이 길이 가져다준 혜택을 가장 많이 본 사람이 사마천입니다.

그중에 지금 직도 유적지는 발굴되어 복원 중입니다. 직도는 대단히 고급스러운 길이었습니다. 먼저 땅을 다져 길을 닦고 거기다 돌을 깝니다. 그러고는 양쪽으로 가로수를 심습니다. 기록에 등장하는 가장 오래된 가로수입니다. 도로 양옆에 가로수를 심는 이유가 뭘까요? 도로 유실을 막기 위한 방법이었습니다.

진시황은 치도, 직도, 잔도, 황제 전용 도로 등 다섯 종류의 길을
닦았다. 진나라는 지나친 도로 정비 사업을 펼치다 자멸했지만
바로 이 도로 때문에 사마천의 여행이 성공을 거둘 수 있었다.
이것이 바로 역사의 아이러니다. 사진은 복원된 직도 유적지.

그런데 더 놀라운 것은 도로를 깔아 길을 만들 때 판축 기법을 사용했다는 점입니다. 판축 기법은 고운 흙을 채를 쳐서 틀에 넣고 쿵쿵 찧는 것입니다. 절구 같은 것으로 단단히 다져서 그것을 쌓고 또 쌓습니다. 옛날에 토성을 쌓을 때도 이런 방법을 사용했어요. 우리나라에 있는 풍납 토성도 이런 방법으로 쌓은 것입니다.

직도는 돌을 쭉 깔아 놓고 양쪽으로 홈을 네 개 팝니다. 오른쪽에 두 줄의 홈, 왼쪽에 두 줄의 홈. 이 줄이 뭘까요? 마차 바퀴가 그 안으로 들어가는 거예요. 진시황이 마차의 바퀴 크기를 통일하고, 바퀴와 바퀴 사이, 축과 축 간의 거리를 일정하게 통일한 이유가 여기에 있습니다. 홈 안에 바퀴를 집어넣고 달리면 이탈하지 않고 빠른 속도로 나아갈 수 있습니다. 굉장히 빠른 속도로 달립니다. 기차 레일이 아래로 내려갔다고 생각하시면 됩니다. 그것이 직도 유적지에 남아 있는 흔적입니다.

사마천은 진시황이 만들어 놓은 이 길을 이용하거나 배를 타고 여행을 했습니다. 남쪽에는 강이 많기 때문에 배를 타고 치수 사업에 성공한 우임금의 무덤, 대우릉을 찾아갑니다. 공자의 고향인 곡부를 탐방하고, 굴원이 스스로 목숨을 끊은 멱라수를 찾기도 합니다. 중국 본토 사람들도 굴원이 멱라수에 몸을 던졌다고 알고 있지만 이것은 『사기』를 제대로 해석한 게 아닙니다. 『사기』에는 '회석자침멱라이사'懷石自沈汨羅以死라고 기록돼 있습니다. 돌을 끌어안고 멱라수에 스스로 가라앉아 죽었다는 뜻입니다. 몸을 던진 것과 돌을 끌어안고 천천히 물속으로 걸어 들어가 죽은 것은 상당히 다르지요. 당시 멱라수로 걸어 들어가던 굴원의 비통한 심정, 억울함, 분노, 체념 같은 것이 더 강렬하고 무겁게 다가옵니다. 이제는 굴원의 죽음을 제대로 해석할 때가 됐습니다.

사마천은 서쪽으로는 공동산까지 갔었고, 북쪽으로는 탁록을 지났고, 동쪽으로는 바닷가까지 갔고, 남쪽으로는 배를 타고 장강과 회하까지 갑니다. 이렇게 천하를 돌아다니며 '망라천하방실구문'罔羅天下放失舊聞, 세상에 흩어져 있는 오래된 이야기들을 두루 모았습니다.

사마천의 여행에 관해 최초로 평가를 내린 사람은 소철蘇轍입니다. "『사기』의 문장 풍격 형성에 지대한 영향을 주었다."라고 평했고, "「항우본기」는 대량성의 옛터를 비롯해 초한의 치열한 전장을 직접 보지 않고는 나올 수 없는 명편이다."라고 말하기도 했습니다.

스무 살 여행의 성공은 『사기』의 성공으로 이어졌습니다. 책상머리에 앉아 공부만 하고, 얼마 되지 않는 관료들과 접촉하는 것은 수많은 보통 사람을 만나는 것과 현실적인 측면에서 많은 차이가 날 수밖에 없습니다. 스무 살 때 떠난 여행이 사마천에게 가져다준 가장 큰 성과는 첫째로 현실을 알게 됐다는 것이지요. 둘째는 저 밑바닥에 사는 사람부터 귀족, 왕에 이르기까지 그들의 생활을 체험하게 된 것입니다.

셋째는 인적 교류지요. 당시 한나라는 주나라의 봉건 제도와 진나라의 군현 제도를 합한 군국 제도를 실시했습니다. 따라서 지방에 제후들을 봉했어요. 중앙에서 어느 정도 통제를 하다 시간이 지나면서 이 제후들을 전부 제거합니다. 오초칠국의 난을 계기로 다 제거되는데 이를 삭번削藩이라고 합니다. 이런 상황이다 보니 초기에는 황제나 공신의 후손들이 모두 지방에 살고 있었습니다. 가끔 중앙에 올라와 근무를 하다 내려간단 말이지요. 사마천이 지방에 갈 일이 있으면 그 사람들을 통해 지역에 있는 명사들과 연락했습니다. 그런 식으로 지역에 살고 있는 사람들에게 많은 도움을 받습니다. 이렇게 인적 교류가 이루어집니다. 사마천은 친구가꽤 많은 편이었습니다. 그게 다 여행을 통해 맺어진 관계였어요. 죽었지만 지나간 역사 속 인물들과의 교감도 이루어졌겠지요.

마지막으로 중요한 것이 산천 유람입니다. 앞에서 제가

"여행을 많이 하면 철이 일찍 난다."라는 말로 여행의 중요성을 강조했습니다. 사마천은 여행을 통해 감성과 이성의 조화를 경험했습니다.

왜 떠나야만 하는가

사마천이 스무 살 때 대장정을 떠난 가장 큰 이유는 아버지의 권유 때문이었지만 여행 당사자가 그만한 자질을 갖추고 있지 못하다면 무조건 떠난다고 될 일은 아니지요. 사마천 자신의 내적인 추구와 외적인 조건이 절묘하게 맞아떨어졌기 때문에 스무 살 여행 자체가 『사기』의 성공으로 이어진 겁니다. 기본적으로 사마천은 스무 살 때 이미 역사 서술에 대한 강력한 의지를 가졌던 것으로 추정됩니다. 자서전을 통해서도 확인할 수 있고, 아버지가 어릴 때부터 끊임없이 시대적인 소명 의식에 관해 주의를 환기시킨 부분도 있었겠지요.

사마천은 젊었을 때부터 '역사 서술에 헌신해야겠다.'라고 생각합니다. 「태사공자서」에 '대분망천'戴盆望天이라는 말이 등장합니다. 대야를 머리에 이고 하늘을 쳐다본다는 뜻입니다. 대야를 머리에 이면 하늘이 안 보이지요. 그만큼 다른 세상에 대해선 생각도 하지 않고 바쁘게 일만 했다는 말입니다. 자기가 하는 일에 충실했다는 이야기지요. 친구와의 사귐도 끊고, 가족에게도 소홀했습니다. 그만큼 워커홀릭 수준으로 일했던 사람입니다. 사명감이나 목표 의식이 아주 강렬했습니다.

역사 서술을 통해 나라와 민중에 헌신하겠다는 상투적인 동기도 있었을 것이고, 그러다 보니 자연스럽게 각계각층의 민중을 만날 수밖에 없었겠지요. 그리고 제왕들의 사적을 추적하면서 조금씩 발전을 거듭합니다. 우리 주변에 보면 한 분야에 들어간 뒤 그것만 쳐다보는 사람이 있습니다. 더 이상 발전하지 못하는 것이지요. 사마천은 다른 사람들과 달리 제왕의 사적을 추적하면서 제왕을 제왕으로 만든 데에는 또 다른 힘이 작용하고 있다는 사실을 발견합니다.

그게 참모들입니다. 유방이 "내가 천하를 차지할 수 있었던 이유는 세 사람을 얻었기 때문이다."라는 말을 하잖아요. 만약 편협한 역사관을 가진 사람이라면 이렇게 표현하지 않고 '제왕이 잘났다.'라고 기록했을 것입니다. 그런데 사마천이 유방의 이 말을 굉장히 중요한 장면에 기록했다는 것은 한 리더를 완성시키는 데 얼마나 많은 사람의 노력이 필요하고, 얼마나 많은 인재가 제 역할을 해야 하는지를 드러낸 것입니다. 게다가 유방이 자기 입으로 직접 이야기하잖아요. 대단히 중요한 지점입니다. 참모가 이야기한 것이 아니라 황제가 자신의 입으로 이야기합니다. 밑에 있는 사람이 "폐하는 세 사람을 얻었기 때문에 임금이 될 수 있었습니다."라고 말하면 설득력이 떨어져요. 따라서 사마천은 한 개인의 행적을 추적해 나가면서 그 사람과 관계망을 형성하고 있던 다른 인물들의 족적에 촉각을 곤두세울 수밖에 없었습니다.

지금의 역사가라면 당연하지만 2천 년 전의 역사가로서는 타의 추종을 불허하는 인식을 지녔다는 이야기입니다. 일단 입체적으로 기술하잖아요. 한 사람이 자기가 혼자 잘나서 성공하거나 못나서 실패한 것이 아니라 다른 여러 가지 요인이 작용하고 있다는 것을 확인해 나가는 방식입니다. 사마천이 다른 역사가와 구별되는 점 가운데 하나입니다.

유방이 7년 만에 황제가 되는 과정을 가만히 보면 한 인간이 얼마나 진화할 수 있는가를 확인하게 됩니다. 사마천이 그 과정을 아주 잘 보여 줍니다. 사마천이 어렸을 때부터 공부한 과정이 역사가로서의 자질이 심화돼 가는 과정과 일치한다는 것이지요. 글은 그 글을 쓴 사람의 모습을 반영하지요. 그런 면에서 『사기』에 보이는 한 인물에 대한 심층적인 분석과 평가는 사마천 자신에 대한 분석과 평가로도 볼 수 있습니다.

따라서 거의 남아 있지 않은 실마리를 찾아 새로운 사실을 발굴할 수밖에 없는 단계로 나아가는 겁니다. 한 사람이 성공하는 과정을 가만히 보니까 그 옆에 있던 보잘것없는 사람이 이 사람의 인생에 굉장히 중요한 계기로 작용하는 경우가 있단 말이지요.

대표적인 예가 한신이 젊은 날 빨래하는 아주머니에게 밥을 얻어먹은 경우입니다. 한신은 한 달 동안 이 아주머니에게 밥을 얻어먹었어요. 이 아주머니는 빨래하는 일을 업으로 삼은 사람이었습니다. 강가에 와서 만날 빨래를 하는데 도시락을 싸 와서 중간에 먹었지요. 그러니까 눈치 빠른 한신이 매일 아주머니 옆에 와서 낚시질하는 척을 하는 거예요. 아주머니가 한번 밥을 준 뒤 그다음부터는 으레 한신에게 밥을 줍니다. 여기서 나온 유명한 사자성어가 '표모반신' 漂母飯信입니다. 빨래하는 아주머니가 한신에게 밥을 주었다는 뜻입니다. 아무 조건 없이 어려움에 처한 사람에게 도움의 손길을 베푼다는 말이지요. 나중에 한신이 어떻게 했는지 아세요? 금의환향해서 그 아주머니에게 천금으로 은혜를 갚습니다. 여기서 또 '일반천금'一飯千金이라는 사자성어가 나옵니다. 한신의 일생에서 그 밥 한번 얻어먹은 게 상당히 중요한 작용을 합니다. 한신의 성격을 보여 주기 때문이지요. 한신은 은혜만 갚은 것이 아니라 원수도 갚았어요. 중국 사람들은 뒤끝이 장난 아닙니다. 은혜와 원수는 대를 물려서라도 갚는다는 것이 중국인의 사고방식입니다.

「범수채택열전」范睢蔡澤列傳을 보면 '애자필보'睚眦必報라는 유명한 사자성어가 나옵니다. 범수范睢는 지나가던 누군가가 자신을 째려보기만 해도 반드시 보복했대요. 반대로 밥한 그릇을 받아도 반드시 은혜를 갚았습니다. 받은 것은 그것보다 더 크게 돌려주고, 자신에게 해를 가한 사람에게는 반드시 원한을 갚는 복수관이 『사기』에 아로새겨져 있습니다. 이런 복수관을 젊었을 때의 일화로 하나하나 삽입해 넣음으로써 한 사람의 성격을 생생하게 드러냅니다. 현장에 가지 않으면 불가능한 작업입니다. 현장에 가면 동네 어른들이 정말 재밌게 이야기해 주잖아요. 그런 이야기들을 기록과 비교해 취사선택했습니다.

또 하나 굉장히 중요한 동기가 있습니다. 3천 년 역사를 써야 하는데 무조건 기록을 죽 늘어놓으면 재미도 없고 사람들이 읽지도 않지요. 저는 사마천이 인류 역사상 최초로 독자를 고려한 저자라고 생각합니다. 사마천은 자기가 쓴 이 표현이, 이 책이 다른 사람에게 얼마나 감동을 줄 수 있을까,

얼마나 잘 전달될까를 고민했습니다. 심지어 카메라를 여러 대 동원해 영화를 찍는 듯한 장면 묘사도 나옵니다.

위공자 신릉군信陵君이 후영侯嬴이라는 이문의 문지기를 초청하러 가는 장면을 보면 카메라가 세 대 움직입니다. 궁궐에 문무 대신들을 전부 모아 놓고 주연을 준비합니다. 그러고는 신릉군 자신이 직접 수레를 몰고 이문, 즉 성문으로 갑니다. 후영이라는 은자를 찾아서요. 신릉군이 마차를 몰고 가는 장면을 보여 주다 잠깐 장면이 바뀌어 궁궐에서 웅성웅성하는 장면이 나옵니다. "도대체 누구를 모셔 오길래 공자가 직접 마차를 몰고 나갈까?" 한편 위공자는, 이렇게 진행됩니다. 한편 이문에서는, 이렇게 서술해요.

그렇게 이문에 가서 후영을 모시고 나오는데 후영이 "시장에 잠시 들렀다 갑시다."라고 이야기합니다. 시장에 푸줏간을 하는 주해朱亥라는 친구가 한 명 있는데 그 친구 좀 만나고 가자고 말해요. 그러고는 자기만 내려서 푸줏간에 들어간 뒤 한참 동안 안 나옵니다. 신릉군이 혼자 말고삐를 붙들고 마차에서 기다리고 있는 거지요. 후영이 왜 그렇게 했을까요? 이 장면도 굉장히 재밌습니다. 위공자가 인재를 얼마나 극진히 대접하는가를 시장 안에 있는 모든 사람에게 보여 주기 위한 행동이었어요. 엄청난 실례처럼 보이지만 실제로는 시장 사람들이 보잘것없는 문지기를 공손하게 기다리는 신릉군을 보면서 존경의 마음을 갖지요. 이런 것 하나하나가 전부 아주 절묘하게 배치돼 있습니다. 『사기』 자체가 마치 추리 소설을 읽는 듯한 박진감을 줍니다.

제가 지금 『사기』를 읽는 독자의 입장에서 생각하면 술술 읽힐 뿐 아니라 재미를 고려하고, 독자에게 지적 만족을 넘어 지적 쾌감을 주며, 나아가 그 장면에 함께 들어가 몰입하게 만드는 방법까지 모두 고려해 『사기』를 구성한 것으로 보입니다.

사마천은 왜 그렇게 했을까요? 방대한 역사책을 저술할 출로를 찾아야 했어요. 일일이 사료를 늘어놓을 수는 없잖아요. 여기에 여행이 결정적인 작용을 하는 겁니다. 현장을 다녀 본 뒤 묘사하는 것과 현장을 가 보지 않고 묘사하는 것은 완전히 다르지요. 코끼리를 본 사람과 코끼리를 못 본 사람이 코끼리를 묘사할 때 어느 쪽이 말이 많을까요? 못 본 사람이 말이 많아요. 현장에 가 본 사람은 생생한 현장이 이미 자기 머릿속에, 가슴속에 들어와 있기 때문에 압축해서 전달할 수 있습니다. 방대하고 복잡한 역사 저술의 출로가 바로 여행이었다는 이야기지요. 그래서 52만 6,500자로 압축하는 데 성공했잖아요. 못난 후학들이 압축 파일을 제대로 못 풀어서 문제지 파일 자체는 기가 막히게 압축돼 있습니다. 3천 년을 52만여 자로 압축하는 것은 거의 불가능에 가깝습니다. 사마천은 방대한 사료를 처리하기 위한 방법으로 여행을 선택했습니다.

저작의 꽃송이를 따다

조금 어려운 이야기를 해 보겠습니다. 사마천이 떠났던 여행의 방법과 목적을 살펴보지요. 첫째는 관觀입니다. 보는 겁니다. 산천, 강, 해자, 지형, 형세 같은 것을 보는 것으로 시작합니다. 둘째는 탐探입니다. 각지의 경제 산물, 풍속, 민정, 사회 각층의 생활을 연구하고 탐구합니다. 셋째는 방訪입니다. 보고 탐구해도 안 되면 어떻게 해야 합니까? 찾아가야 합니다. 조사하러 찾아가야 하지요. 모르면 물어봐야 합니다. 그래서 넷째는 문問입니다. 현지인 그것도 주로 나이든 사람들, 유생들에게 가르침을 구하거나 구전 자료, 민간 가요 등을 수집합니다. 제가 만날 하는 이야기가 있습니다. "입이 길이다." 남자와 여자를 비교할 때 그런 이야기 많이 하잖아요. 남자는 길을 몰라도 잘 안 물어봅니다. 기어코 지도책을 찾아봐요. 남자가 낑낑거리며 찾고 있을 때 옆에 앉은 아내는 창문을 쫙 내리고 "아저씨, 어디 가려면 어떻게 가요?" 물어보고 금방 찾아갑니다. 묻기를 잘하면 방법도 찾을 수 있습니다. 노력보다 방법이 더 중요합니다. 뜻을 넓히고, 견문을 늘리며, 배움을 심화하는 수단으로 여행을 가장 잘 활용했던 사람이 사마천이고, 그렇게 해서 사마천의 여행이 성공적으로 진행됐습니다.

여행에 다녀온 뒤 무엇이 남았고, 무엇이 변했을까요? 많이 봤으니 당연히 안목이 넓어졌겠지요. 학식도 늘어나고, 이해도 깊어집니다. 여행을 하며 마음이 넓어지고 사회에 대한 이해가 깊어지다 보니 성숙해집니다. 그래서 품격이 생기고 학술 수양이 높아집니다. 이것이 모두 『사기』의 밑거름으로 작용합니다. 저작의 꽃송이를 하나하나 따 나가는 과정이 여행에서 비롯된 것입니다.

꽃송이는 네 글자로 압축된 사자성어 내지는 고사성어에 비유할 수 있습니다. 꽃의 밑에는 꽃받침이 있고, 꽃줄기가 있고, 뿌리가 있고, 흙이 있지요. 이것이 전부 꽃을 피우기 위한 배경이 되잖아요. 고사를 가능하게 만드는 조연들, 빨래하는 아주머니, 빨래터 같은 것들이 모두 배경이란 말이지요. 이 모든 배경 속에서 '표모반신'이라는 꽃이 피었잖아요. 그리고 그 꽃에는 가치 개념이 들어 있습니다. 어려운 처지에 놓여 있는 사람에게 조건 없이, 사심 없이 도움의 손길을 내밀어라. 사소한 은혜라도 입었으면 반드시 갚아라. 지금도 남을 돕고 은혜를 갚으며 살아야 하잖아요. 제가 좋아하는 말 가운데 그런 것이 있습니다. "남에게 베푼 것은 돌아서서 잊어버리고, 남에게 받은 것은 평생 기억하라." 그렇게만 살면 세상이 얼마나 좋아지겠어요? 제가 앞에서 말씀 드렸지요. 『사기』는 사람을 착하게 만들어 주는 책입니다.

역사 속 명장면을 만나다

이제 사마천이 방문했던 장소를 『사기』의 내용과 연계해 조금 더 자세히 살펴보겠습니다. '과하지욕'跨下之辱이란 말은 많이 들어 보셨지요? 이 사자성어와 관련하여 '과하교'라는 다리 이름이 남아 있습니다. 그런데 고사를 모르면 죽었다 깨어나도 이것이 무슨 다리인지 모릅니다. 한자를 아무리 많이 알아도 '가랑이 밑 다리'라고 해석하고는 그냥 넘어갈 수밖에 없습니다. '과하지욕'은 한신이 젊은 날 건달의 가랑이 밑을 기는 치욕을 참고 견뎠다는 고사에서 나온 사자성어입니다. 사마천은 한신의 고향인 회음淮陰을 방문해 이 다리에 얽힌 일화를 동네 사람들에게 전해 들었습니다. 오늘날

회음에 가면 다리는 없고 과하교라는 표시만 남아 있습니다.

'표모반신'의 현장도 직접 가 봤겠지요. 조금 다른 이야기입니다만 중국 사람들과 비즈니스 할 때 알아 두면 좋을 팁을 하나 소개해 드리겠습니다. 표모반신은 중국에서 사업할 때 굉장히 유용하게 쓸 수 있는 사자성어입니다. 중국 사람에게 도움을 받아야 할 때가 있잖아요. 그럴 땐 표모반신 이야기를 하시면 됩니다. 그런데 한국 사람은 조금 지나쳐요. 꼭 일반천금이란 말까지 덧붙입니다. "한신이 젊은 날 표모반신 했듯이 좀 도와주십시오." 이렇게만 이야기하면 되는데 "그럼 제가 일반천금 하겠습니다." 이렇게 이야길 한다고요. 그러면 값이 떨어집니다. 표모반신 이야기를 했을 때 상대편이 알아들었다면 그 사람이 일반천금에 대해서도 알고 있다는 말이잖아요. 거기다 대고 천금으로 은혜를 갚겠다고 하면 입바른 소리처럼 들려서 진정성이 떨어집니다. 표모반신 속에는 은혜를 갚겠다는 의미가 깃들어 있습니다. 그래서 중국 사람과 협상하거나 이야기할 때는 앞의 것만 하는 것입니다. 뒤의 것까지 다 이야기해 버리면 무시당합니다. 이런 것도 중국 사람과 대화하는 요령 가운데 하나입니다.

『사기』에서 최고의 명장면이라면 뭐니 뭐니 해도 홍문연이라는 술자리입니다. 중국 역사상 가장 유명한 술자리이

기도 합니다. 술자리에서 역사가 바뀌잖아요? 홍문연은 항우와 유방의 운명을 바꿔 놓은 아주 중요한 술자리입니다. 어마어마하게 많은 영감을 불러일으켜서 얼마 전에는 『초한지-천하대전』이라는 영화로 만들어지기도 했습니다. 보시면 역사를 이해하는 데 많은 도움이 될 겁니다.

유방이 유일무이하게 항우 앞에서 완전히 굴복하는 장면이 이 홍문연에서 나옵니다. 유방이 얼마나 대단한 정치적 안목을 지닌 사람이었는지가 여기서 드러납니다. 그는 꿇을 때는 꿇을 줄 알았습니다. 욕 잘하고, 술 좋아하고, 여자 좋아하는 사람이지만 정치적인 판단이 서면 아무리 치욕스러운 일이라도 했습니다. 홍문연에서는 항우에게 완전히 포위당해 전멸 위기에 놓인 상태였어요. 유방이 항우 진영을 찾아가 항우에게 완전히 굴복하며 그의 밑으로 들어가겠다고 말합니다. 그래서 유방을 죽이려던 항우가 죽이지 못하게 돼요. 항우의 책사였던 범증范增이 유방이 오면 반드시 죽이라고 이야기했음에도 유방이 싹싹하게 용서를 빌자 죽이질 못합니다. 결국 유방은 화장실에 간다는 핑계를 대고 도망가 목숨을 부지합니다. 이 장면이 두 사람의 운명을 바꾸는 결정적인 지점입니다.

『사기』에 이 홍문연 장면이 대단히 정교하게 묘사돼 있

홍문연의 화장실 유적지. 유방은 홍문연에서 화장실에 간다는
핑계를 대고는 빠져나와 목숨을 부지했다. 오늘날 그 화장실
터가 발굴돼 유방이 진짜로 화장실에 갔다는 사실이 확인되었다.

습니다. 마치 사마천 자신이 그 술자리에 앉아 있는 것처럼 묘사했습니다. 사마천이 홍문연 터를 직접 밟아 봤을 것으로 추정됩니다. 홍문연 터에서 화장실 유적지가 발견됐어요. 홍문연에서 유방이 화장실에 간다는 핑계를 대고 술자리를 빠져나오거든요. 그 화장실 터가 발굴된 겁니다. 유방이 진짜로 화장실에 갔다는 사실을 확인할 수 있습니다.

오월춘추는 오자서를 중심으로 전개되는 파란만장한 역사입니다. 오월춘추도 숱한 명장면을 배출했습니다. 전제專諸라는 유명한 자객이 물고기 배 속에 비수를 감추어 오왕 요僚를 암살하는 장면부터 오자서의 굴묘편시와 자살, 범려·문종文種·서시가 만들어 낸 다양한 일화까지……. 『사기』에 등장하는 명장면 중 하나입니다.

오월춘추는 춘추 시대가 막을 내리고 전국 시대로 들어가는 길목이기도 합니다. 오나라와 월나라의 쟁패 과정에서는 제나라 환공이나 진나라 문공이 벌인 전쟁과 다른 차원의 권모술수가 나옵니다. 이 시기에 『손자병법』을 지은 손무孫武가 등장합니다. 손무가 오자서와 함께 일을 해요. 이들과 비슷한 시기 사람으로는 공자와 그 제자 자공이 있습니다. 자공이 오나라와 월나라를 위해 열심히 외교관으로 뛰어다닙니다.

중국에서 드라마로 가장 많이 만들어졌고, 중국 4대 미녀 가운데 제일 나이가 많은 서시西施는 야사에 등장합니다. 『사기』에는 안 나옵니다. 야사에는 범려의 애인인 서시가 전문 스파이 교육을 받고 오나라 왕 부차夫差에게 접근해 부차의 심기를 어지럽힙니다. 자존심이 대단히 셌고, 속앓이 병이 있어 늘 인상을 찡그리며 다녔던 미녀이기도 합니다.

4대 미녀에 대해 한번 알아보고 갈까요? 4대 미녀에는 누가 있을까요? 서시가 가장 나이가 많고 양귀비楊貴妃가 제일 어립니다. 춘추 시대에 서시, 한나라 때 왕소군王昭君이라는 여자가 있었어요. 그다음이 『삼국지』에 나오는 초선貂蟬이고, 가장 막내가 양귀비입니다. 이 네 사람에게는 각각 별명이 있었습니다.

서시는 평소 빨랫감을 들고 시냇가에 가서 빨래를 했어요. 그런데 물속에서 놀고 있던 물고기들이 서시 얼굴을 보고는 너무 예뻐서 꼬르륵 바닥으로 가라앉았대요. 그래서 침어沈魚라는 별명을 가지고 있습니다. 물고기도 가라앉히는 미녀라는 뜻이지요. 서시가 빨래를 하던 시내가 완사천浣紗川이라는 곳인데 이 완사천은 우리나라에도 있습니다. 나주에 가면 완사천이라는 시내가 있어요. 태조 왕건이 임금이 되기 전에 나주를 방문했다가 그곳에서 나주 오씨를 만납니다. 왕건이 "물 한 바가지 주시오." 하니까 오씨가 버드나무 잎을 띄워서 줍니다. 그래서 두 사람이 눈이 맞아 그날 밤 동침을 해요. 나주 오씨는 나주 지역의 토착 세력이었습니다. 그 둘이 만난 곳이 완사천입니다.

왕소군은 참 예쁜 여자였어요. 그리고 자존심이 매우 셌습니다. 집안이 가난해서 궁궐에 들어와 후궁이 됐는데 후궁이 한둘이 아니다 보니 황제의 얼굴도 보기 어려워요. 당시후궁들이 황제에게 총애를 받으려면 환관과 화공들에게 잘보여야 했어요. 화공은 궁중 화가를 말합니다. 이 궁중 화가가 후궁들의 초상화를 그리고는 황제 앞에 가서 한 장, 두 장넘기는 겁니다. 그러니까 예쁘게 그려 줘야 하잖아요. 예쁘게 그려 달라고 뇌물을 줘야 했어요. 왕소군은 자존심이 세서 "내가 예쁜데 뭘 예쁘게 그려 달라고 돈을 줘." 하고는 뇌물을 주지 않았습니다. 그러니까 화공이 만날 얼굴에 점을찍거나 곰보딱지처럼 그렸어요. 그래서 왕소군은 황제 얼굴도 보지 못했습니다.

한나라의 가장 강력한 라이벌은 흉노였어요. 흉노와의화친 정책에 따라 공주를 흉노의 최고 통치자에게 시집보내는 것이 한나라의 외교 정책이었습니다. 그런데 공주가 시집을 가려고 해요? 안 가지요. 그러니까 후궁 가운데에서 예쁜 여자를 뽑아 공주로 변장시킨 뒤 흉노에 보냈어요. 이제 공주를 시집보낼 때가 됐어요. 후궁 가운데 한 명을 뽑아야 하는데 다른 후궁들이 다 왕소군을 지목한 거예요. 늘 도도하게 구니까 왕따 비슷한 걸 당했겠지요. 그래서 결국은 왕소군이 흉노에 시집을 가게 됐어요.

흉노의 사신이 와서 데리고 가는 날, 황제에게 인사를 하고 떠나야 하잖아요. 왕소군이 황제에게 와서 인사를 하는데 황제가 깜짝 놀란 거예요. "저런 미녀가 후궁에 있었단 말인가!" 하고는 화공을 불러다 목을 잘라 버립니다. 그러나 이제는 어쩔 수가 없는 상황인 거지요. 이미 외교적으로 정해졌으니까요. 그래서 왕소군은 흉노로 시집을 갑니다. 털옷을 입고 말을 탄 채 북방으로 가는데 북방 하늘을 날아다니던 기러기가 왕소군을 보고는 너무 예뻐서 땅으로 떨어졌대요. 그래서 왕소군의 별명이 낙안落雁입니다.

초선이는 밤하늘에 뜬 달이 초선의 미모를 보고는 "나는 아무것도 아니네." 하고 구름 속으로 숨어 버렸대요. 그래서 폐월閉月이라는 유명한 별명을 가지고 있습니다. 양귀비는 한번 나타나면 모든 꽃이 부끄러워서 잎을 다물었다고 합니다. 그래서 수화羞華라는 별명을 가지고 있습니다. 꽃도 부끄럽게 만드는 미녀라는 뜻입니다. 이들이 4대 미녀입니다.

그런데 오월춘추에 나오는 서시는 또 하나의 재미난 단어를 파생시킵니다. 서시는 속앓이 병이 있어서 늘 인상을 찡그리고 다녔는데, 인상을 찡그리면 더 예뻤대요. 예쁜 사람은 뭘 해도 예쁘지요? 예나 지금이나 미모 만능주의는 똑같은 것 같습니다. 그래서 동네에 서시가 인상을 찡그리는 얼굴이 최고로 예쁘다는 소문이 났어요. 그러니까 여자들이 다 서시를 따라 인상을 찡그렸답니다. 못생긴 여자도 따라서 얼굴을 찡그려요. 특히 못생긴 동시가 따라 합니다. 서쪽에 사는 시, 동쪽에 사는 시라 해서 서시와 동시인데 그 동시가 서시를 따라 했어요. 인상을 찡그린다는 뜻의 한자가 '빈축'嚬蹙입니다. 그래서 '동시빈축'東施嚬蹙이란 말이 생겨났어요. 누군가 다른 사람의 인상을 찡그리게 만드는 행동을 할 때 빈축을 산다는 말을 자주 사용하지요? 이때 사용하는 빈축이란 단어가 여기서 나온 것입니다.

진시황 무덤에 관한 가장 상세한 기록은 『사기』에 나옵니다. 사마천이 무덤 속에 들어가서 직접 본 것처럼 아주 생생하게 묘사돼 있습니다. 그래서 2천 년 동안 또 욕을 많이 먹었습니다. "당신이 가 봤느냐? 어떻게 아느냐?" 이렇게 된 것이지요. 진시황의 시체를 무덤 중앙에 안치하고, 사방으로 문무백관의 상을 병마용처럼 만들었으며, 진귀한 금수나 여러 가지 보물을 전부 집어넣고, 천장에는 별자리를, 바닥에는 세계지도를 그렸다고 기록돼 있습니다. 문은 삼중으로 만들어져 있고, 누구든지 몰래 침범하면 자동으로 화살이 발사되는 장치를 달았으며, 마지막에 공사한 사람을 안에 넣고 밖에서 문을 닫아 생매장시켰고, 인어人魚 기름으로 실내를 조명했다고 묘사돼 있습니다. 이 기록을 바탕으로 만든 영화가 『미이라 3』입니다.

이 기록을 누가 믿겠어요? "소설이다. 사마천의 상상이다. 『사기』는 믿을 만한 기록이 못 된다."는 평을 들어 왔습니다. 오히려 『사기』의 신뢰성을 떨어뜨리는 기록으로 평가받았어요. 이것을 입증할 만한 다른 기록이 없는 거예요. 그래서 사람들이 안 믿었습니다. 1980년대까지는 그랬습니다.

그러다가 중국의 고고학자, 지질학자, 역사학자 일부가 『사기』에 나오는 진시황 무덤에 관한 기록 가운데 한 줄에 주목합니다. "바닥에 세계 지도를 만들었는데 강과 바다는 수은을 흘려보냈다."라는 기록이 눈에 탁 들어왔어요. 진시황 무덤은 다 만들고 난 뒤 그 위에 봉토를 쌓고, 다시 그 위에 쇳물을 부어 봉쇄한 구조였습니다. 완전히 밀폐시켰다는 이야기예요. 그 위에 봉분을 쌓고 나무를 심었습니다. 중국 사람들은 무덤에 나무를 심습니다. 조상에 대한 실례가 아닙니다. 사마천 무덤에도 다섯 그루의 나무가 자라고 있습니다. 오늘날 진시황 무덤 위에 자라는 나무는 전부 석류나무예요. 다산을 상징하는 나무입니다.

학자들이 수은이란 단어에 주목하기 시작했어요. 수은은 진공 상태에서 액체입니다. 온도계를 생각하시면 됩니다. 그런데 이것이 공기와 접촉하는 순간 기체가 돼 날아갑니다. 기화하는 성질을 가진 화학 물질이란 말이지요. 그래서 토양 샘플링을 시작했습니다. 봉분이 다 흙이잖아요. 다른 지역에 있는 흙을 샘플링 하고, 진시황 봉토 제일 위에서부터 파고 들어 가면서 샘플링을 했습니다. 깊이 정도에 따라 수백 개의 샘플링을 해서 그 토양에 포함돼 있는 수은 함유량을 조사했어요.

그랬더니 놀랍게도 진시황 시체가 안치돼 있을 것으로 추정되는 중앙의 수은 함유량이 봉토 바깥에 있는 수은 함유량보다 수백 배가량 높게 나타났어요. 중앙의 수은 함유량이 300이라면 밖으로 나갈수록 200, 100, 90 이렇게 옅어진 거예요. 그래서 중요한 사실이 몇 가지 확인됐습니다. 첫째, 『사기』가 얼마나 정확한 기록인지 증명됐습니다. 둘째, 진시황 무덤이 도굴당하지 않았다는 사실이 확인됐습니다. 누군가가 뚫고 들어가서 공기와 접촉했다면 수은이 기체가 돼 날아가야 해요. 수은 함유량이 없거나 아주 미미하게 남을 수밖에 없는 구조란 말이지요. 그런데 수은이 눈에 띌 만큼 뚜렷하게 남아 있고 그것이 바깥으로 갈수록 점차 흐려진다는 이야기는 도굴당하지 않았다는 사실과 완전 밀폐되지 않았음을 확인시켜 준 겁니다. 이런 여러 가지 사실이 밝혀지면서 진시황 무덤이 또 한 번 전 세계의 주목을 받게 됩니다.

언제 발굴하느냐가 초미의 관심사가 됐습니다. 산시성陝西省에서는 1960년대부터 진시황 무덤을 발굴하자고 성화였어요. 그것을 막은 사람이 저우언라이周恩來 전 수상입니다. 안목 있는 정치가 한 명이 문화재 발굴에 얼마나 중요한지를 가장 잘 보여 주는 사례입니다. 궈모뤄란 당대 최고의 학자가 진시황 무덤을 파자고 건의서를 올려요. 궈모뤄는 부주석까지 지낸, 저우언라이의 친구였습니다. 웬만한 정치가라면 넘어갔을 겁니다. 저우언라이 수상은 그것을 딱 막았습니다. "지금의 우리 기술로는 안 된다. 과학 기술이 더 진보한 뒤에 파도 늦지 않다. 우리 후손들에게 맡겨도 될 일을 왜 지금 급하게 서두르느냐." 이 내용이 국무원 지침서로 남아 있습니다. 오늘날에도 진시황 무덤을 발굴하자는 사람이 나타나면 이 지침서를 내밉니다. 앞서 제가 정릉 이야기를 했지요? 그 발굴이 처참한 실패를 겪었기 때문에 쉽게 손을 대지 못하고 있는 것입니다.

진시황 무덤을 발굴하는 가장 합리적인 방법은 돔을 씌워서 완전한 진공 상태로 만든 뒤 우주복을 입고 발굴하는 겁니다. 안 그러면 제대로 발굴될 리가 없습니다. 병마용갱에서 나오는 진용들에 원래는 색깔이 다 입혀져 있었어요. 그런데 발굴해서 공기에 노출되면 10시간 안에 다 날아갑니다. 공기와 접촉하는 순간 색이 사라져요. 최근에는 독일과 합작해 색을 보존하는 기술이 나와서 일부가 보존되고 있습니다. 『사기』의 정확성을 또 한 번 입증한 대표적인 사례가 진시황릉에 대한 기록이었습니다.

사성의 고향

사마천의 고향에 대한 이야기로 사마천과 『사기』에 대한 강의를 마무리 짓도록 하겠습니다. 황하 옆에 위치한 사마천 사당과 무덤은 장관 중에서도 장관입니다. 99계단을 올라가야 하고, 하늘에서 내려다보면 사마천 무덤과 이 지역이 물음표처럼 생겼습니다. 그래서 사마천의 죽음에 얽힌 미스터리를 상징하는 것이 아니냐는 말도 있습니다.

사마천 무덤 위에는 다섯 그루의 측백나무가 자라고 있

사마천 무덤 위에는 다섯 그루의 측백나무가 자라고 있다.
사마천 무덤에 영춘화를 바치며 원하는 학교에 가게 해 달라고
빌면 합격한다는 말이 전한다.

습니다. 언제부터 자랐는지는 알 수가 없어요. 아마 씨가 날아와서 뿌리를 내린 것으로 추정됩니다. 지금은 이 뿌리 때문에 무덤이 다 터져 버렸어요. 무덤을 보수해야 하는 상황입니다.

중국 사람들은 미신을 참 좋아합니다. 이 다섯 그루의 나무가 굉장히 영험하다는 미신이 있어서 입시를 앞둔 사람이 영춘화라는 노란 꽃을 바치며 원하는 학교에 가게 해 달라고 빌면 합격한다는 말이 있습니다. 그래서 붙은 별명이 장원수壯元樹예요.

사마천 제사는 엄숙하게 지내지 않습니다. 북 치고, 장구 치고, 꽹과리 치고, 춤추고 난리도 아닙니다. 선글라스도 껴요. 그 이유는 제사를 몰래 지내야 했기 때문에 위장하기 위해 일부러 소란을 피우는 것입니다. 시끌벅적하게 놀다가 몰래 틈을 내 살짝 제사를 지냅니다. 그런 풍습이 내려오고 있습니다.

1999년에 제가 두 번째로 사마천의 고향 한청시 서촌徐村을 방문했습니다. 그리고 그때 본 네 글자가 제 인생을 바꿔 놓습니다. 한여름에 사마천 고향을 찾았는데 그때 마침 큰비가 내려 길이 끊겼습니다. 비가 1년에 400밀리미터도 안 내리는 지역인데 그해에 유별나게 비가 많이 와서 길

사마천의 고향 마을 입구에 세워져 있는 '법왕행궁'
패방의 모습이다. 이 패방은 사마천이 억울한 죽음을 당했음을
은밀히 암시하고 있다.

이 끊어져 버렸어요. 사당과 무덤까지 차가 못 들어가게 되어 마을 입구부터 걸어서 들어갔습니다. 걸어가려면 안내인이 필요하잖아요. 길을 모르니까요. 그래서 촌장님을 모시고 걸어 들어가다 마을 입구에서 '법왕행궁'法王行宮이라고 쓰인 돌문을 발견했습니다. 이 문은 신성한 구역으로 들어가는 데 세워 놓는 패방입니다. 우리나라 향교나 서원 입구에 세운 홍살문이나 일본 신사 입구에 세우는 도리이 같은 것인데 법왕의 행궁으로 들어가는 입구라는 뜻이에요. 그런데 법왕행궁은 기록에도 나오지 않고 흔적도 찾을 수 없는 곳이었습니다. 이 촌구석에 무슨 법왕의 행궁이 있겠어요. 그래서 촌장님께 여쭤 봤습니다.

그랬더니 촌장님이 저한테 '법왕행궁'을 소리 내어 읽어 보라는 거예요. 유창하게 읽었지요. "파왕싱궁"이라고. 촌장님이 이건 왼쪽에서 오른쪽으로 읽어야 한다고 말씀하셨어요. 옛날에는 보통 오른쪽에서 왼쪽으로 읽었는데 이건 반대로 읽어야 한다는 것이었지요. 그래서 다시 읽었습니다. "궁싱왕파." 궁싱은 제가 알아들었어요. 사마천이 자청했던 궁형宮刑과 발음이 똑같습니다. 행行 자와 형刑 자는 둘 다 '싱'으로 발음됩니다. 궁형을 암시하는 말이었어요. 그런데 왕파는 도저히 모르겠어요. 그랬더니 촌장님이 왕王 자 옆에 나무목木 자를 붙여야 한다고 알려 주셨어요. 그러면 같은 왕 발음인데 법을 왜곡시킨다는 뜻이 돼요. 사마천이 궁형당한 것은 법을 잘못 적용시킨 것이다, 즉 억울하다는 뜻입니다. 사마천이 억울하다는 것을 사마천의 고향 마을로 들어가는 입구에서부터 보여 주는 거지요. 그랬더니 마을 이름부터 사마천의 죽음에 관한 것, 후손이 동씨인 이유, 촌장님이 왜 18대 손인지, 별의별 희한한 이야기들이 다 나오는 거예요. 그때 제가 그동안 공부를 잘못했다는 것을 깨닫고 사마천과 『사기』에 대한 공부를 완전히 다시 시작했습니다.

사마천 고향에 가면 '풍추사마'風追司馬라는 네 글자가 많이 쓰여 있습니다. 원래 뜻은 사마천 고향 마을의 풍습이 사마천의 뒤를 좇는다는 것입니다. 즉 사마천의 정신을 이어받아 사마천과 연관된 풍속과 풍습이 많다는 이야기입니다. 그래서 저는 저 말을 "사마천 고향에 가면 바람에서도 사마천의 냄새가 난다."라고 표현합니다.

고전 읽기에 대하여

마지막으로 강의를 마치기 전에 짤막하게 고전 읽기에 대한 제 소견을 들려 드릴까 합니다. 오래전에 쓰인 이야기임에도 고전이 현대인에게 감동을 주고 계속 읽히는 이유는 두 가지라고 생각합니다. 첫째, 인간의 본질이 예나 지금이나 별로 달라진 것이 없습니다. 그런데 그 당시에 고전은 획기적인 책, 시대의 한계를 돌파하는 책이었어요. 그러니 그때는 끔찍한 책이었지요. 아픈 곳을 건드리고 본질을 찌르니 얼마나 끔찍했겠어요. 그렇기 때문에 오늘날까지 생명을 유지하는 것입니다. 인간의 본질을 통찰하고 있는 책이라는 것이지요.

둘째, 시대정신입니다. 시대의 한계점을 정확하게 인식하고 그 시대가 갖고 있는 문제점을 해결할 수 있는 해결 방안을 제시했어요. 거기에 『사기』처럼 훌륭한 체제와 뛰어난 문장력이 갖춰지면 더욱 의미 있는 고전이 되는 것입니다.

이 강의가 여러분께서 조금이나마 고전 읽는 방법이랄까 요령을 터득하는 데 도움이 되었으면 하는 것이 제 바람입니다. 책을 읽는 데에는 여러 가지 방법이 있습니다. 특히 역사책은 '좌도우사'左圖右史라 해서 왼쪽에는 지도를 오른쪽에는 연표를 놓고 읽으라는 말이 있습니다. 귀찮더라도 그렇게 하시면 시간과 공간에 대한 이해가 같이 어우러지면서 역사를 입체적으로 공부하실 수 있을 것입니다.

예를 들면, 공자는 천하를 주유합니다. 오랜 세월 동안 여러 나라를 떠돌았어요. 사마천은 공자의 문화 집대성 능력을 존경했습니다. 그와 함께 자연스럽게 공자의 일생 자체에 굉장히 많은 관심을 기울였습니다. 사마천 또한 공자가 천하를 주유하며 남긴 흔적들을 일일이 찾아다니며 '공자가 왜 천하를 주유했을까.'라는 생각을 많이 했을 거예요. 공자가 그랬고, 사마천도 마찬가지였습니다. 여러분이 『논어』를 읽을 때 지도를 펴 놓고 공자가 어디를 떠돌았는지 연결해 보시면 『논어』에 나오는 대목들이 실감나게 이해될 겁니다. 이것이 공부하는 요령이고 독서하는 요령입니다. 인생이 입체적이듯이 독서도 입체적으로 하셔야 합니다. 감성과 이성이 조화를 이루는 독서를 하시기 바랍니다.

마지막으로 『사기』를 재밌게 읽는 방법을 한 가지 알려드리겠습니다. 중국과 관련된 다른 역사책을 많이 읽으면 도움이 됩니다. 주변 지식을 많이 알고 있으면 내용이 더 쉽게 들어오기 때문에 이해도 빨라지고, 그 속에서 새로운 사실들을 발견할 수 있습니다. 그전에는 몰랐던 사실, 새로운 의미를 발견하는 재미가 쏠쏠합니다.

어떤 분은 본기가 제일 재미없다고 하시는데 표와 서가 다른 부분에 비해 재미없습니다. 표는 연표이므로 읽는 재미가 떨어지지요. 서는 국가 제도와 문물에 관한 내용이기 때문에 더 재미없습니다. 그런데 본기는 어떻게 읽느냐에 따라 대단히 재미있게 읽을 수 있습니다. 특히 「진시황본기」와 「항우본기」, 「고조본기」를 연달아 읽으시면 진나라 말에서 한나라가 천하를 통일할 때까지의 과정이 한 번에 이해될 겁니다. 그리고 이 세 편의 본기에 나온 인물들을 열전 속에서 찾아 사이사이 함께 읽으면 『사기』를 더 재밌게 즐기실 수 있습니다. 중국의 어떤 학자는 『사기』 관련 내용을 따로 떼어서 시대별로 한꺼번에 엮기도 합니다. 진시황 편에다 「이사열전」, 「상앙열전」 등을 넣어서 진나라의 역사를 쭉 기록한 사람도 있습니다. 여러분 취향대로 책을 가장 잘 즐길 수 있는 방법을 찾아 읽으셔도 좋습니다. 모쪼록 『사기』를 꼭 읽어 보시기 바랍니다.

저자 후기
진실의 무게에 대해 생각하다

이 책은 호남 지방 장성도서관에서 마련해 주신 16주에 걸친 강의, 부천 꿈빛도서관에서 꾸며 주신 여덟 시간 이상의 강연, 하남 나룰도서관에서 선물해 주신 여덟 시간의 특강을 정리하여 다듬은 것입니다. 여기에 청소년을 위한 몇 차례의 특강도 큰 몫을 했습니다.

이 강의들을 녹음하고 이를 다시 글로 풀어서 정리하여 여덟 장으로 만들었습니다. 강의를 할 때는 중구난방이었는데 모아 놓고 보니 그럴듯합니다. 여전히 아쉬움이 크고, 모자란 부분도 많지만 현장감이 있어 재미는 있습니다. 강의에 몰두하던 분들의 눈빛이 떠오릅니다. 졸던 분들도 생각납니다. 그리고 이렇게 남은 말, 아니 그때 정말 하고 싶었던 말을 말이 아닌 글로 써서 인사를 드리려 합니다. 여운餘韻이라고 하지요.

사실事實(fact)과 진실眞實(truth)에 관해 많이 생각했습니다. 사실을 말하는 것과 진실을 말하는 것의 차이와 관계는 뭘까요? 사실은 일방적입니다. 진실은 쌍방 내지 전방위적입니다. 예컨대 뉴스에서는 전직 국회의장까지 지낸 쟁쟁한 권력자가 골프장 캐디가 예뻐서, 손녀딸 같아서 손가락으로 가슴을 콕콕 찔렀다고 보도했습니다. 이건 사실입니다. 행위자의 말과 행동을 그대로 전달한 것입니다. 하지만 그것만으로는 뉴스가 아닙니다.

진실은 그 행위를 당한 사람의 반응과 생각을 그대로 전하고(이것도 사실이지요) 나아가 그 행위가 갖는 의미가 무엇인지를 알리는 것입니다. 그것은 더러운 성추행이었다. 권력자가 힘없는 사람에게 일방적으로 가한 폭력이었다. 참으로 가증스러운 인간이다. 그래서 사회적으로 손가락질받아 마땅하고, 그에 상응하는 벌을 받아야 한다. 그리고 진심으로 피해자에게 사과하고 보상해야 한다. 단 피해자가 수긍할 수 있는 선에서. 그리하여 사회적으로 이런 비열하고 추잡

한 짓이 결코 용납될 수 없는 법적, 제도적 장치가 마련될 때, 그렇게까지 됐을 때 그 행위가 갖는 진실이 전달되는 것입니다. 그래서 진정한 뉴스는 사실이 아닌 진실을 전달한다고 하는 것입니다.

사실과 진실의 차이를 조금 더 단순하게 비유해 보지요. 화장한 얼굴(사실)과 민낯(진실)의 차이입니다. 두껍게 화장할수록 민낯을 찾기 힘든 관계이기도 하지요. 화장이란 행위 자체가 인위이기 때문에 그 인위의 개입 정도에 따라 사실이 왜곡되거나 전혀 다르게 전해지기도 합니다.

나아가 여기에 당사자나 주변인들의 생각과 가치판단이 개입될 경우 사실은 전혀 다른 모습으로 전해지기 일쑤입니다. "의장님께서 고의로 그런 것이 아닙니다. 그냥 귀여워서, 예뻐서 그러신 겁니다." 이런 식으로 타인의 생각이 개입하고, 나아가 "의장님이 그럴 분이 아닙니다."라는 따위의 가치판단까지 개입하면 사실은 진실은커녕 그런 사실이 있었던가라는 생각이 들 정도로 멀어져 버립니다. 그러고는 잊힙니다. 무감각해지는 우리와 몰래 울고 있을 피해자들을 뒤로 한 채 말이지요.

그래서 세월호의 진실은 철저하게 규명되어야 합니다.

사실로 알려진 화장한 사실들을 지우고 우선 그 민낯을 드러내도록 해야 합니다. 권력과 폭력에 의해 강제로 화장당한 사실들이 기어코 그 두꺼운 화장을 뚫고 민낯을 드러내는 경우를 우리는 수도 없이 봐 왔습니다. 과거사 진상 규명이 바로 그런 것 아니었습니까? 이대로 또 덕지덕지 화장을 덧바른 채 묻어 버리면 진실은 더 큰 아픔과 슬픔을 고스란히 끌어안고 모습을 숨겼다가 때가 되면 다시 우리 앞에 엄청난 고통으로 등장할 수밖에 없을 것입니다. 그사이 우리와 우리 사회는 치명적인 내상을 입고 그 고통에 한없이 시달립니다.

사마천은 사실과 진실의 경계에서 수없이 고민하고 고뇌했습니다. 사마천은 진실을 전하기 위해 자신이 할 수 있는 모든 방법을 동원했습니다. 제가 강의를 통해 말씀 드렸던 『사기』의 매력이 바로 그것입니다. 하지만 그 진실에 다가가는 과정은 말할 수 없이 처절하고 처연했습니다. 억울한 죽음들과 마주해야 했기 때문입니다. 굴원이 그랬고, 한신이 그랬습니다. 그리고 무엇보다 사마천 자신의 처지가 그랬습니다. 황제 앞에서 사실을 말했다는 죄목으로 투옥당하고, 사실도 아닌 일 때문에 반역죄에 몰려 사형 선고를 받지 않았습니까? 한신의 죽음은 사실이지만 그 죽음의 이면에 숨겨진 진실을 사마천은 밝히고 싶었습니다. 권력의 비정함과 한신의 처신에서 그의 죽음이 오래전부터 예비되어 있었다는 참으로 기가 막힌 운명을 감지해 낼 수 있었습니다. 그래서 사마천은 한신을 동정하고 그의 억울한 죽음을 여러 가지 방법으로 알렸던 것입니다. 우리로 하여금 사실의 이면에 숨겨진 진실을 밝히도록 역사적 단서들을 남겼던 것입니다. 그런 의미에서 사마천은 진정한 언론인이기도 합니다.

재미 위주로 이끌었던 강연의 이면에 이런 저의 생각들이 담겨 있었음을 말씀 드리려는 것입니다. 그렇게 단순하게 볼 일이 아니구나, 그냥 마음 내킨다고 읽을 수 있는 책이 아니구나, 이런 생각을 갖게 될 것입니다. 하지만 도전을 포기하지는 마십시오. 그 도전을 통해 새롭고 날카로운 안목과 따뜻한 마음을 선물로 얻으실 수 있을 것입니다.

이 책이 나오기까지 도움을 주신 분이 참 많습니다. 먼저 숭실대학교와 인천 교육청에 감사 드립니다. 제 책을 늘 책답게 만들어 주는 안희주 씨에게 감사의 말씀을 드립니다. 작지만 단단한 출판사로 커 가고 있는 유유 출판사의 조성웅 대표에게도 고맙다는 말씀 드립니다. 부천 강의 때마다 빠지지 않고 녹음해 주셔서 이 책이 가능했습니다.

도서관이 살아야 지식이 살고 문화가 살고 크게는 나라가 산다는 생각으로 흔쾌히 강의에 임했습니다. 참석자들의 반응 또한 저의 상상을 뛰어넘었습니다. 특히 청소년들의 폭발적인 반응에 깜짝 놀랐습니다. 그러고 보니 저 멀리 부산에 계시는 두 분 선생님께도 감사 드리지 않을 수 없군요. 고감도 독서교실을 이끌고 계시는 서창호 선생님과 인문학 영재반에서 즐겁게 씨름하고 계시는 최선길 선생님, 정말 대단하십니다. 뭐라 감사의 말씀을 드려야 할지 모르겠습니다. 큰절로 대신합니다.

사마천을 이야기하기 시작해 『사기』를 공부해야 하고 이제는 중국을 알려면 사마천과 『사기』를 꼭 알아야 한다고 강조하며 다니길 7년째입니다. 중국을 공부하자는 말은 빼도 될 만큼 중국의 무게감이 커졌고, 이제는 모두가 고개를 끄덕이는 명제이기에 중압감은 줄었지만 제대로 알아야 하고 바로 알려야 하는 일이 성큼 다가와 있어 부담은 더 커진 것 같습니다. 기꺼이 감당해야겠지요. 좀 더 깊이 있는 강의로 다시 만나길 기원해 봅니다.

2014년 9월 22일 22시 13분

생각의 무게에 눌린 채 남은 말을 줄입니다.

사기를 읽다
: 중국과 사마천을 공부하는 첫걸음

2014년 12월 4일 초판 1쇄 발행
2020년 1월 24일 초판 5쇄 발행

지은이
김영수

펴낸이	**펴낸곳**	**등록**
조성웅	도서출판 유유	제406-2010-000032호(2010년 4월 2일)

주소
경기도 파주시 책향기로 337, 301-704 (우편번호 10884)

전화	**팩스**	**홈페이지**	**전자우편**
031-957-6869	0303-3444-4645	uupress.co.kr	uupress@gmail.com

페이스북	**트위터**	**인스타그램**
facebook.com	twitter.com	instagram.com
/uupress	/uu_press	/uupress

편집	**디자인**
안희주, 사공영	이기준

제작	**인쇄**	**제책**	**물류**
제이오	(주)민언프린텍	(주)정문바인텍	책과일터

ISBN 979-11-85152-14-1 04910
      979-11-85152-02-8 (세트)

이 도서의 국립중앙도서관 출판예정도서목록(CIP)은 서지정보유통지원시스템
홈페이지(seoji.nl.go.kr)와 국가자료공동목록시스템(www.nl.go.kr/kolisnet)에서
이용하실 수 있습니다.(CIP제어번호: CIP2014032197)

고전

동양고전강의 시리즈

순자를 읽다
**유가를 중국 사상의 주류로 만든 순자를
공부하는 첫걸음**

양자오 지음, 김택규 옮김

200년간 지속된 전국시대 후기,
진나라의 통일이 가까워 오던
시대에 본분과 실용을 중시한
순자는 유가를 시대에 맞는
맥락으로 유연하게 변모시켜
급변하는 사회에서도 살아남을
수 있는 튼튼한 체질로 만들었다.
자신과 다른 시각을 가진 유가 내
다른 문파를 신랄히 공격하기도
했고, 무엇보다 예와 법의 절대적
구분을 제거하고 유가와 법가
사이의 차이도 제거했다. 하지만
당시 공자와 맹자의 사상이 법가와
혼동되는 것은 절대 금물이었고,
때문에 순자는 당시에는 영향력을
발휘했지만 후대 유가 전통에서는
제대로 인정받지 못했다. 이 책은
순자가 어떤 시대, 어떤 환경에서
어떤 문제에 부딪혀 자신의 사상을
발전시켰는지를 일러 줌으로써 순자
사상의 진정한 가치를 배우게 하고
순자에게 공정한 평가를 돌려준다.

전국책을 읽다
국경과 계급을 초월한 모략서를 공부하는
첫걸음
양자오 지음, 김택규 옮김

『전국책』은 중국 한나라의 학자
유향이 황실 서고에서 발견한
여러 권의 책을 나라별로 묶고
연대순으로 정리해 엮어 낸 책이다.
기원전 403년부터 진나라가 중국을
통일한 기원전 221년까지 이어졌던
전국시대에 종횡가 책사들이
제후에게 논한 책략이 기록되어
있다. 양자오의 『전국책을 읽다』는
국내 최초로 『전국책』을 해설해
교양서 수준으로 풀어낸 책으로,
각 사건이 일어난 역사적 맥락과 시대
상황에 대한 설명, 당시 책사들이
펼친 모략의 가치까지 세세하게
설명하고 있다.

시경을 읽다
고대 중국 문인의 공통핵심교양이 된
3천 년의 민가
양자오 지음, 김택규 옮김

2만 자가 넘는 3천 년의 민가 시경이
어떤 역사적 배경에 의해 주나라의
경전이 되었는지를 밝히고, 어떻게
읽어야 제대로 읽을 수 있는지 알려
준다. 당시 사람들은 어떤 경우에
노래를 불렀을까? 노래에 표현된
정서와 내용은 무엇일까? 그들에게
노래에 담기에 적절한 감정과 사건은
어떤 것이었을까? 양자오는 우리가
'경'이라는 제한에 갇히지 않고
마음껏 상상력을 발휘하며 그 시대로
돌아가 『시경』의 작품을 즐기며
읽을 수 있도록 친절하게 안내한다.

상서를 읽다
주나라 정치철학을 담은 귀족 교육의
핵심 커리큘럼
양자오 지음, 김택규 옮김

『시경』·『예기』·『춘추』·『주역』과 함께
오경으로 꼽히는 고전 『상서』는 중국
고대 국가의 조정 문서이다. 주나라를
핵심으로 그 이전 요·순·하·상 나라
각국의 중대한 사건과 그 사건에
대한 선현의 검토와 교훈이 담겨
있으며, 그래서 중국 정치의 규범서로
인정받아 『시경』과 함께 서주(西周)
귀족 교육의 핵심 교재로 쓰였다.
이 책에서 양자오 선생은 '시간적으로
더 오래된 인물, 사전, 사상일수록 더
나중에 창조되었을 가능성이 크다'는
생각으로 상서를 역순으로 읽어
나가며 그 형성 과정과 내용을 올곧게
이해하는 방법을 일러준다.

좌전을 읽다
중국 지식인이 읽고 배워야 했던 2천 년의 문장 교본

양자오 지음, 김택규 옮김

우리가 흔히 『좌전』이라 일컫는 『춘추좌씨전』은 역사 기록인 『춘추경』, 즉 『춘추』를 설명한 전서(傳書)이다. '전'이란 '경'에 딸려 성립된, '경'을 설명한 저작을 가리키기에, 경이 있어야 전도 있을 수 있고 대부분의 전은 정확히 경의 문구에 대응해 설명을 진행한다. 하지만 『좌전』만은 경문에 정확히 대응하기보다는 경에 기록되지 않은 실제 사건의 배경을 분명하고 완전하게 담고 있다 이외 여러 가지 이유로 2천 년 넘게 중국 지식인이 반드시 읽고 배워야 할 문장 교본으로 쓰였다. 이 책에서 양자오는 『춘추』 경문과 『좌전』 전문을 비교 대조하면서 『좌전』의 가치를 명확히 짚고 책에 실린 역사적 사건에 대해서도 면밀히 설명한다.

북학의를 읽다
조선의 이용후생 사상과 박제가를 공부하는 첫걸음

설흔 지음

고전 마니아이자, 흥미로운 소설 형식으로 고전을 소개해 온 저자 설흔이 한국 고전 『북학의』 정독에 필요한 역사적 맥락과 기초 개념을 정리했다. 『북학의』에는 "쓰임을 편리하게 하고 삶을 두터이 하는 이용후생(利用厚生) 사상과 당시 조선의 북쪽이었던 청나라의 좋은 물건, 뛰어난 기술과 제도를 배우자는 과감한 개혁안이 담겨 있다. 저자는 박제가라는 인물, 박제가에게 영향을 미친 사상과 사상가들, 조선 후기의 시대 상황을 설명하면서 당시로서는 파격적인 개혁안이 어떤 배경에서 나왔는지 이야기한다.

자본론을 읽다
마르크스와 자본을 공부하는 이유
양자오 지음, 김태성 옮김

마르크스 경제학과 철학의 탄생,
진행 과정과 결과에 이르기까지
역사의 맥락과 기초 개념을 짚어
가며 『자본론』의 핵심 내용을
간결하고 정확한 시각으로
해설한 책. 타이완에서 자란
교양인이 동서양의 시대 상황과
지적 배경을 살펴 가면서 썼기에
비슷한 역사 경험을 가진 한국인의
피부에 와 닿는 내용이 가득하다.

서양고전강의 시리즈

종의 기원을 읽다
고전을 원전으로 읽기 위한 첫걸음
양자오 지음, 류방승 옮김

고전 원전 독해를 위한 기초체력을
키워 주는 서양고전강의 시리즈
첫 책. 인간과 자연의 관계를
변화시킨 『종의 기원』에 대한 새로운
해설서. 저자는 섣불리 책을
정의하거나 설명하지 않고 책의
역사적, 지성사적 맥락을 흥미롭게
들려줌으로써 독자들을 고전으로
이끄는 연결고리가 된다.

꿈의 해석을 읽다
프로이트를 읽기 위한 첫걸음
양자오 지음, 문현선 옮김

인간과 인간 자아의 관계를 바꾼
『꿈의 해석』에 관한 교양서. 19세기
말 유럽의 독특한 분위기, 억압과
퇴폐가 어우러지며 낭만주의가
극에 달했던 그 시기를 프로이트를
설명하는 배경으로 삼는다.
또한 프로이트가 주장한 욕망과
광기 등이 이후 전 세계 문화와
예술에 미친 영향을 들여다보며
현재의 우리에게는 어떤 의미인지
점검한다.

성서를 읽다
역사학자가 구약성서를 공부하는 법
박상익 지음

『어느 무교회주의자의 구약성서 읽기』 개정판. 저자 박상익은 서양의 정신적 토대로 역할을 수행한 그리스도교가 한국에 와서 대중의 조롱을 받고 있는 현실을 통탄하면서, 21세기를 헤쳐 나가야 할 한국인에게 서양 정신사의 한 축인 헤브라이즘을 제대로 이해하려는 노력이 필요하며, 이를 위해서는 히브리 종교의 핵심 내용이 담긴 「구약성서」를 제대로 읽어야 한다고 힘주어 말한다.

미국의 민주주의를 읽다
우리의 민주주의를 더 잘 이해하는 법
양자오 지음, 조필 옮김

프랑스 대혁명의 혼란에서 벗어나지 못한 프랑스인에게 미국의 민주주의를 소개하고 프랑스에 적용하고자 한 프랑스의 알렉시스 드 토크빌이 쓴 『미국의 민주주의』는 방대한 분량으로 읽기 쉽지 않은 책이다. 타이완의 지식인 양자오는 프랑스 대혁명의 역사 배경과 미국 독립 혁명의 전후 상황 등을 훑으며, 토크빌이 『미국의 민주주의』에서 서술하고 분석한 미국의 민주주의 가치와 평등의 힘을 알기 쉽게 설명한다. 그리고 미국의 민주주의와 평등이 당시 프랑스뿐 아니라 현대의 우리에게 어떤 의미가 있는지 고민해 보기를 권한다.

슬픈 열대를 읽다
레비스트로스와 인류학을 공부하는 첫걸음
양자오 지음, 박민호 옮김

구조주의 인류학의 선구자인
레비스트로스의 대표작『슬픈
열대』를 통해 그의 인류학 여정을
함께 탐색해 보는 책. 저자는 자신이
처음 인류학을 접하고 그것에
매료된 경험에서 시작해 서구
인류학의 변모 과정을 차근차근
짚어 가며 구조인류학까지
다다른다. 이를 통해 우리는 인류학
전반에 대한 이해를 기반으로
구조인류학의 정점을 이루는
레비스트로스와 그의 저서『슬픈
열대』를 좀 더 손쉽게 적절한 깊이로
공부할 수 있다.

미국 헌법을 읽다
우리의 헌법을 더 잘 이해하는 법
양자오 지음, 박다짐 옮김

미국 헌법은 근대 최초의 민주 국가
미국에서 만든 헌법이다. 이후 수많은
나라에서 미국 헌법을 참고하고
모방하여 헌법을 제정했다. 민주
헌법의 원형이 미국 헌법이라고도
할 수 있는 것이다. 타이완의 지식인
양자오는『미국 헌법을 읽다』에서
미국 헌법이 만들어지기까지의 역사
배경을 소개하고, 미국 헌법을 원문과
함께 살펴보며 헌법 조문의 의미와
맥락을 알기 쉽게 설명한다. 이를
통해 우리는 오늘날 전 세계에 막대한
영향을 미치는 미국이라는 나라의
토대를 이해하고, 오늘날 우리 삶의
기반을 만든 고전이자 현대 민주주의
제도의 근간을 이루는 헌법을
이해할 수 있을 것이다.